JN307523

新TOEIC®テスト
スコアアップ135のヒント

中村澄子

祥伝社黄金文庫

はじめに　――英語なんて大嫌い！　さんざんだった最初のTOEFLスコア

英語なんて好きじゃなかった私

　TOEICを教える仕事をしている私がこんなふうに言うと意外に思われるかもしれませんが、私はあまり英語が好きではありませんでした。大学で専門に英語を学んだわけではありませんし、語学を趣味のように考えたこともありません。そんな私が、なぜ英語を、そしてTOEICを仕事に選ぶようになったのか、それは英語そのものではなく、ビジネスへの興味がきっかけでした。

　大学を出て最初に就職した放送局を辞めた後、自分の人生を少しゆっくり考えてみたいという思いから、半年ほどイギリスに語学留学をしました。その後、東京に出てくることになったのですが、当時は、今のように転職、特に女性の転職が当たり前という時代ではありませんでした。当然、選べる職業、仕事は限られてしまいます。ただ、そんな状況でも、英語関連であれば仕事がありました。ならば少しはできるようになっていた英語をきちんと勉強しよう、それが、私が英語と向き合うことになった最初でした。

突然の渡米話、そして留学を決意

そんなある日のこと、夫から突然「アメリカに転勤になるかもしれない」と言われました。私はその頃、英語を使った仕事も始めていましたので、軽い気持ちで「じゃあ、私も留学しようかな」と返すと、夫も「留学するなら、絶対ビジネススクールがいい」とすすめてくるのです。気がつくと、私はすっかり留学の夢に魅せられてしまっていました。こうして私のＭＢＡ留学に向けての猛勉強が始まったのです。

留学を決意しましたので、手始めにＴＯＥＦＬ（留学のための英語検定試験）を受験しました。初めて受けた結果はなんと五三〇点（ペーパーＴＯＥＦ

Lは最高が六七七点、最低が二〇〇点)。当時は簡単な通訳や翻訳の仕事もしていましたので、英語にはそれなりに自信がありましたから、この点数はショックでした。

TOEFL対策で初めて知った「トリック」

これではいけないと、日本にある大手予備校に通い始めました。そこで、留学に必要なTOEFLやGMAT(アメリカの経営大学院入学適性試験)のようなテストにはノウハウがあり、単に英語がそれなりにできるからといっていきなり高得点が取れるものではないこと、自分がまったくテストの意図を理解していなかったことを知らされました。

この学校で全体的な点数は上がりましたが、リスニングセクションのある部分だけは、いくら勉強を続けても点数が上がりませんでした。現在のTOEICのパート2によく似たセクションがあったのですが、そこで出題されるトリック問題（本文で詳述します）の存在を見抜けずに、同じところで引っかかってしまっていたのです。

そんなときに、アメリカの大手予備校がいいと教えられ、その日本校で、TOEFLリスニングセクションのどうしても点数の上がらなかった部分についてだけ、個人レッスンを受けたのです。それは、私の勉強法のイメージを覆す斬新なものでした。そのレッスンでは、リスニングセクション対策だというのに、音声をまったく使いません。教材を見ながら、どのようなトリックが問題に埋め込まれているかを先生が順を追って解説していくのです。

このように分析的に見ていくと、当時の私が引っかかっていた問題がどのようなタイプなのかがわかりました。どんなトリックに引っかかっていたかがわかってしまえば、あとは簡単です。この直後にどうしても点数が出せないでいた部分で満点が取れました。あのとき、この教え方に出会ったことは私にとって貴重な体験になりました。そして、この教え方は、試験での点数アップにつながっただけではなく、後の私の教室でのやり方にも活かされることになるのです。

ビジネススクール卒業、そして起業、メルマガとの出会い

事情があって、夫の赴任《ふにん》がなくなったため、結局単身でエール大学ビジネススクール（ＭＢＡ）に留学することになりました。ビジネススクールでの二年間は、うわさどおり非常にハードでした。山のような宿題をこなさなければならないのですが、翌朝までに使える時間は決まっていますので、とにかく毎日が時間との戦いになります。

無理だとしか思えないような作業量でも、きちんと優先順位をつけて要領よくこなせばなんとかなること、自分で考えて解決策を見つけること、厳しい環境に耐えること、などの訓練が、この時期にできたのではないかと思います。

卒業後は、帰国して、金融関連のコンサルティング会社立ち上げに関わるのですが、それまでに時間の余裕がありましたので、身につけた英語を活かさない手はないと、英語を教える仕事を始めました。英会話を教えるチャンスもありましたが、どちらかというと私には資格試験のようなテクニックが必要とされるものを教えるほうが向いているようでした。特に、ＴＯＥＩＣはＴＯＥＦ

Lのジュニア版といった特徴《とくちょう》がありますので、それまでに私が身につけていたテクニックがほとんどそのまま活かせるからです。問題を見ただけで、答えや解き方がすぐにピンとくるのが、自分でもわかったのです。

そうして、金融の仕事に数年関わった後、結局、自分の会社「有限会社オフィスS&Y」を立ち上げることになりました。当初は、中国株関連の情報提供に関わる活動をしようと考えていたのですが、情報収集の過程でたまたま「メールマガジン」という存在を知りました。その瞬間、自分のなかで「これだ！」と何か響くものがありました。

試しにと、すでに企業でのセミナーや研修で教える立場に立っていた経験を活かせるTOEICをテーマに、メルマガを発行してみようと思いたちました。今も続く「時間のないあなたに！　即効TOEIC250点UP」というメルマガを始めたのは二〇〇四年の七月のことです。株の情報よりもTOEICのほうがメルマガには向いているだろうというのが私の読みでした。

予想は的中し、半年強で読者数は六千名弱にまで増え、読者のニーズやTOEICをビジネスにするためのコツも少しずつわかってきました。今ではおかげさまで二万三千もの読者の方に支えられるまでになり、さらには、このメルマガをベースにした文庫本を出版できるまでになり、さらにはTOEIC本を中心に一七冊以上の英語関連著書を出版しています。

TOEICのスコアは何に必要なのか

メルマガのテーマに私が選んだTOEICとは、Test of English for International Communication の略で、「英語によるコミュニケーション能力を評価するテスト」です。TOEFLやGMATと同じく、アメリカにある非営利テスト開発機関、ETS（Educational Testing Service）が開発・作成しています。世界約九〇か国で実施され、年間約五〇〇万もの人が受験、日本では約一七一万人が受験するという大規模な試験です（数字は二〇〇八年現在のもの）。

TOEICは英語能力の指標として、いろいろなかたちで使われています。

ビジネスの世界では、昨今、採用・昇進・転職などに有利に働くばかりでなく、七三〇点を超えると派遣でも条件（待遇）が違うとか、さまざまな情報が耳に入ってきます。また、大学生も就職試験で七三〇点以上ないと足切りされ、試験が受けられない企業も多いと聞きます。ＴＯＥＩＣで高得点を取ることが必要とされている人がいかに多いか、増えているかがわかります。

短期間でスコアアップしたいあなたに

英語が好きな人が英語の勉強をする、これはさほど苦にはなりません。片や、英語が嫌いな人が昇進のためにＴＯＥＩＣの勉強をしなければならないという場合、その苦痛は大変なものでしょう。

短期間でしかるべき点数を出さなくてはいけない、日々仕事に追われるなかでそのためのＴＯＥＩＣの勉強をしなければならない、そんな本当に困っているビジネスパーソンに向けて、効率のいいＴＯＥＩＣの勉強法を伝えたい、出題傾向の実態をわかりやすく説明したい、本書はそんな思いから書いたものです。ですから、この本は、英語を純粋に一から勉強しましょう、という趣旨《しゅし》で書かれたものではありません。目的がＴＯＥＩＣ対策に絞られていますから、本書ですすめているやり方のいくつかについては、純粋に英語を勉強したいという人からはご批判の声もあるかもしれません。

私自身、やはり、短期間でＴＯＥＦＬやＧＭＡＴの点数を上げなくてはならなかったという経験があります。ＴＯＥＦＬやＧＭＡＴは、ＴＯＥＩＣと同じＥＴＳが作成しているテストですから、このときの私自身の受験体験が、今この本や教室でみなさんにお伝えしているＴＯＥＩＣ対策の勉強法の基礎になっているのです。留学のための勉強を通して学んだこと、そして、長く教室やセミナーやメルマガでＴＯＥＩＣ対策法を教え続けてきて感じたことなどの蓄積から、ＴＯＥＩＣ受験者がどのような情報を必要としているかがわかるようになってきました。

本書は、そうした読者に必要な情報をわかりやすくまとめた、ノウハウ本です。英語の一般的な勉強法本ではないかもしれませんが、ＴＯＥＩＣ対策のノウハウ本としては、これまでにない情報をたくさんつめこむことができたのではないかと思っています。

第1章では、TOEICを受ける前に知っておくべきことをまとめました。数あるTOEIC本から適当なものを選んでいきなり問題を解き始めるようなやり方は、ことTOEICのようなテストに関しては得策ではありません。まずは何が必要なのか、この章をお読みいただければ、初めてTOEICに挑戦するという方でもイメージがつかめるようになっています。

第2章で、それぞれのセクション、パート別に、具体的な対策や学習法をまとめました。第3章には、スケジュールの立て方から、当日の注意事項まで、直前と当日の対策をまとめてあります。

少しでも早く目標点を出したい、と思ってがんばっている方々に手をさしのべたいという思いで、この本を書きました。私が本書にまとめたスコアアップのための一三五のヒントが、みなさんのお役に立てることを心から祈っています。

中村　澄子

目次

第2章 TOEIC®テスト、スコアアップするために　TOEIC攻略法、83のヒント

〈リスニングセクション共通対策〉 81

〈パート7対策〉

第3章 TOEIC®テスト、いよいよ挑戦その前に 直前・当日対策、21のヒント

本文　デザイン／内藤裕之
図版制作／日本アートグラファー

第1章

TOEIC®テスト、対策を始めるその前に

TOEICの基本、31のヒント

この章では、ＴＯＥＩＣとはどんなテストなのか、ＴＯＥＩＣ学習を始める前に知っておくべきことは何なのか、といった、ＴＯＥＩＣ学習の基本ともいうべき点について説明します。書店で目についた問題集を購入していきなり問題に取り組むのは必ずしも得策ではありません。本章で、ＴＯＥＩＣ対策にはいったい何が必要なのかをしっかりおさえてから学習を始めてください。

1 勉強を始める前にできるかぎり多くの情報を集める

どんなテストにも傾向やくせがあります。**語学のテスト勉強は英語力に加え、テクニックも必要です**ので、そのテストに関する正確な情報を多く集めれば、同じ勉強量でもより短期間で目標点を達成することができます。自分が受けようとするテストの傾向に沿った、効率のいい勉強をするのが攻略への近道です。

ＴＯＥＩＣの内容は、一部を除いて**すべてビジネスがらみです。**毎年この傾向が強くなり、三、四年前のテストと比べるとテストに使われる単語や英文の種類もかなり変わってきていると思います。そのせいか、私の教室の生徒さんや知り合いから「三年ぶりに受けたら一〇〇点も下がってショックを受けた」というメールをもらうこともあります。難易度が増したこともありますが、英文の内容や語彙問題（熟語に関する問題を含む）に出題される語の種類がよりビジネス系にシフトしてきたため、その種の英文や語彙に慣れていない人が受けると、点数が下がって当たり前なのです。

また、**トリック問題が多いのもＴＯＥＩＣの特徴です。**ＴＯＥＩＣはＥＴＳというアメリカの機関が作成しています。大学入試や英検といった日本で作られている英語のテストとは、問題作成に対する考え方が異なるため、テストの傾向も異なっています。ＥＴＳには心理学者もいて、問題作成に関与しています。つまり、受験者を引っかけようという意図のもとに作成された問題も多いのです。

さらに、新TOEICに変わって、**情報処理能力を問う、という観点から作成された問題も多くなりました。**実際のビジネス現場で多くの情報や英文を短時間で処理できるかどうか、という観点がパート7の「読解問題」を中心にふんだんに取り入れられています。そうした点も、いわゆる「英語の能力だけを問うテスト」とは異なります。

ビジネス寄りの内容であること、トリック問題が多いこと、英語運用能力だけでなく情報処理能力も問われること……まずは、TOEICについてできるかぎり多くの情報を集め、こうしたTOEICの傾向やくせ、他のテストとの違いを頭に入れておくことが重要です。

2 TOEICの点数アップと英会話能力アップは別物と考える

最初に述べたとおり、語学のテスト、特に、TOEICのような特定のテストで目標の点数を取るための学習には、一種のテクニックが必要です。英語力全般の向上、特に、英語初級者の多くの方が漠然と望んでいる「英会話ができるようになればいいなあ」というのと、テストの点数アップとは、基本的には別物です。したがって、学習方法も異なります。

まずは、**自分の目標がＴＯＥＩＣで高得点を取ること**なのだと、再度自分で確認してください。そして、なんとなく英会話ができるようになること、なんとなく英語が話せるようになること、とは切り離して考えてください。特に、現在の得点が七〇〇点以下の人で、短期間で七〇〇点以上を取ることを目指している学習者は、まずＴＯＥＩＣで目標点を出すためだけに全力を傾けるべきです。

ＴＯＥＩＣで目標点を出せたら、試験のための勉強などやめて、より自分で楽しめる分野、それこそ、日常英会話など興味のある分野に戻ってもかまいません。試験のための勉強はややもすると単調で苦しいものです。つい途中で、英会話教材やＮＨＫラジオなどのリスニングのように、より楽しい勉強に関心がシフトしがちです。しかし、途中で学習法を変えたり、あれこれ迷ったりせず、ＴＯＥＩＣで高得点を取るのだという初志を貫くことが重要です。

れば入学試験や授業の一部が免除されるところもあると聞きます。私の教室の生徒さんにはビジネスパーソンが多いので、企業が従業員にTOEICの点数を求めるさまざまな裏事情も耳に入ってきます。新卒者の採用や昇進をTOEICの点数で足切りし、採用や昇進の選考人数自体をしぼったうえで、そのレベルをクリアした人たちを1人1人評価する、というシステムのところも多いようです。TOEICの点数をリストラの理由に使っている企業も、私の知る限りだけでも少なくありません。こうなると、たかがテストの点数、などとは言っていられません。まさに、死活問題というわけです。

こういう状況では、働く人たちのなかに、いつどういうことにTOEICの点数が使われるかわからなくて怖いから、先に準備しておこう、よいスコアを出しておこうと考える人が出てくるのも当然です。昨今のTOEIC人気の陰には、こうしたビジネスパーソンの不安な思いもあるように思います。

もちろん、海外への赴任・転任者の候補を選ぶといった「正当な」目的にTOEICを利用している企業も多くあります。また、同じ企業のなかでも、複数の目的（つまり、リストラなどのネガティブなものと、海外派遣者の人選といったポジティブなもの）にTOEICの点数を利用しているところも多いようです。

こうした企業の内情がわかってくると、英検やその他のテストと違ってビジネスパーソンが必死になって勉強している理由も理解できます。そして、教室に来て勉強をしているのになかなか点数が上がらない人、また、45歳を過ぎて勉強をしなくてはならなくなっているような人に対しては、「がんばって」と応援したい気持ちになるのです。

Column

TOEIC受験者はどんな目的で受けているの？

私のTOEIC教室に来られる生徒さんは、大半がビジネスパーソンです。男性は昇進要件を満たすため、海外支店で勤務したいため、あるいは社費留学の社内選考に必要な点数を出すためというケースが多いですが、最近増えているのはリストラや降格などの「リスクヘッジのため」という人の参加です。一方、女性も、昇進を目指してという人は多いのですが、「転職したいので履歴書に書ける程度の点数を取っておきたい」という転職目的の人が目立ちます。

ほかにも、会計大学院や法科大学院に入るため、同大学の卒業要件を満たすためといった、非常に具体的な目的のある人から、「今の社会ではTOEICが重視されているようなので、不安だからある程度の点数を取っておきたい」という、漠然とした不安に駆られて受ける人まで、受験の理由はさまざまです。最近は、就職活動に必要な点数を出しておきたい、という大学生や大学院生の参加も増えています。

なかには、これという理由や目的があるわけではなく、なんとなく「英語が好きだから」という人もいます。しかし私の周りでは少数派です。私の教室はTOEIC対策のノウハウを売りにしていますので、やはり多いのは、はっきりした目標とそれに必要な目標点数があり、短期間でその得点を出したいという目的意識の強い人たちです。これは私の教室に限ったことではなく、おそらく、TOEIC受験者全体を見た場合も、大半がそのような意識の人たちなのではないでしょうか。

昇進要件の一つにTOEICの点数を採用している企業は年々増えています。また、私立大学の一部には、TOEICで一定の点数があ私が教えてきた生徒さんたちを見ていると、昇進、転職、留学（最近ではリストラに使っている企業もあるようです）など明確かつ差し迫った目標がある人のほうが、伸びるのが早いようです。やはり、目標の存在は、意志力、集中力の差となって現れるのだと思います。

逆に、その目標がぶれていると、自分に必要な学習法をしぼりこむことができず、結果的に、点数アップにも時間がかかることになってしまいます。

3 TOEICの問題の構造を知る

TOEICの問題は、リスニングとリーディングの二つのセクションに大きく分かれ、それぞれ次の表のような構成になっています。TOEIC対策の基本はこのパート別です。まずは、この構造をしっかり頭に入れておきましょう。各パートで何が問われているかを合わせて理解しておくと、学習のポイントをしぼりこむのに役立ちます。

TOEIC問題の構造を知ろう

TOEICは、全部で120分・200問、大きく、「リスニングセクション」と「リーディングセクション」の2つに分かれています。それぞれの構成・内容は以下のとおりです。

リスニングセクション（45分・100問）

パート1	写真描写問題（Photographs）	10問
パート2	応答問題（Question-Response）	30問
パート3	会話問題（Short Conversations）	30問
パート4	説明文問題（Short Talks）	30問

リーディングセクション（75分・100問）

パート5	短文穴埋め問題（Incomplete Sentences）	40問
パート6	長文穴埋め問題（Text Completion）	12問
パート7	読解問題（Reading Comprehension）	
	一つの文書（Single Passage）	28問
	二つの文書（Double Passage）	20問

パート1　写真描写問題ですが、日常生活で使う簡単な英語の表現を理解できるかどうかが問われる問題です。

パート2　日常生活や仕事上の簡単な質問に対して、適切な答え方を理解できるかどうかが問われる問題です。

パート3　日常生活や仕事上での会話の内容を理解できるかどうかが問われる問題です。「短い会話（Short Conversations）」とありますが、少し長めのものも含まれます。

パート4　アナウンスメントやニュースの内容を聞いて、細部まできちんと理解できているかどうかが問われる問題です。「短いトーク（Short Talks）」とありますが、少し長めのものも含まれます。

パート5　基本的な文法や日常生活や仕事で頻繁《ひんぱん》に使われる語彙や熟語を知っているかどうかが問われる問題です。最近は、ビジネス関連の語彙や熟語を問う問題が増えています。

パート6　仕事でやりとりする手紙、メール、記事などを読み、それらの文書中で頻繁に使われる語彙や熟語、基本的な文法事項が理解できているかどうかが問われる問題です。

パート7　少し長めの手紙、メール、記事などを読み、情報を短時間できちんと把握できるかどうかという、英文読解力と情報処理能力とが測られる問題です。最近は、仕事では頻繁に目にするような文章が中心になっています。

4　まずは目標点を設定する

いきなり本をあれこれと買い込んだり、問題集を解いたりする必要はありません。**まずは自分の目標点を設定します。**目標点は少し高く設定するほうが、学習上は有効なようです。初めて受ける人は、「ＴＯＥＩＣのスコアとコミュニケーション能力レベルの相関表」（38ページ）などを参考に、会社や仕事で何点くらい必要とされているかを考えて設定するといいでしょう。英検1級・準1級やTOEFLの高得点を持っているといった特別な人をのぞけば、相関表のCランクの真ん中にあたる六〇〇点くらいを目標にするのがいいかもしれません。過去に受験したことがある人は、これまでの最高点からどのくらいアップしたいか、たとえば、現在五〇〇点台の人であれば七〇〇点、四〇〇点以下の人であれば五五〇〜六〇〇点というように、具体的な数字で目標を設定してください。

5 三つの無駄をはぶく

TOEICの学習の基本は、戦略と集中です。無駄な時間は使わない。無駄な労力は使わない。無駄な本（教材）は使わない。この三つの無駄をはぶくことを、学習期間中は常に心がけていてください。それぞれの無駄をできるだけ排除する具体的な方法については、項目を追って説明していきます。

6 目標点が取りやすい戦略を立てる

ＴＯＥＩＣの対策は、まず戦略ありき、です。ＴＯＥＩＣの構造をおさえて、自分の目標点を定めたら、その目標点達成のためには、どのパートが自分には得点しやすいか、どのパートで自分の得点をアップしやすいかを考え、リスニングで何点、リーディングで何点出せば目標点になるか、各パートでは何点ずつ取るのがいいか、効果的かつ戦略的に、点数獲得方法を考え、学習計画を立てましょう。

日本人はリスニングが苦手、学校で勉強したからリーディングと文法のほうが点数を上げやすい、と思いがちですが、実はそれは誤解です。ＴＯＥＩＣでは採点のしくみのため、同じ五〇問を正解したとしてもリーディングとリスニングでは後者のほうが点数を上げやすいのです。つまり、リスニングセクションのほうがはるかに点数を取りやすいということになります。また、それぞれのパートごとにも点数の取りやすさが異なります。

くわしくは後述しますが、**ＴＯＥＩＣには出題パターンがあります。**問題のを利用しているところも多いようです。

私が知るかぎり、社員に求めるTOEICの点数に関して、一番厳しい企業の一つがIBMです。毎回教室にもセミナーにもIBMにお勤めの参加者がいます。基本的には730点を出せばいいのですが、一度730点を出したからといって終わりではありません。定期的に行われる上司との面談で、さまざまな目標を書かされるなかに、「TOEICを…点アップさせる」という項目が盛り込まれる場合が多いそうです。そういう社内事情があるせいか、IBMの人たちはみんな真剣かつ必死です。いくら仕事で帰りが遅くても、必ず時間を割いて勉強をする人が多いせいか、比較的短期間で目標点に到達するケースが多く見られます。

以前に私の教室に来ていた大手電気メーカーの人事部の方によれば、その会社では、「社員の能力と努力の程度を測るには最適のテストだから」ということで、社員にTOEIC受験させていたそうです。つまり、TOEICは、それなりの力があり、きちんと努力をしている社員であれば、ふつう700点は取れるはず。そのテストで点数が取れないのは、能力か努力か、どちらかが欠けているからだ、などと判断するそうです。なんとも厳しい話です。私は何の反論もできませんでした。

英語が苦手、英語が嫌い……そんなビジネスパーソンにとってみれば、まさに「受難の時代」と言えるのではないでしょうか。

TOEICのスコアとコミュニケーション能力レベルの相関表

レベル	スコア	評価
A		Non-Nativeとして十分なコミュニケーションができる
	860	
B		どんな状況でも適切なコミュニケーションができる素地を備えている
	730	
C		日常生活のニーズを充足し、限定された範囲内では業務上のコミュニケーションができる
	470	
D		通常会話で最低限のコミュニケーションができる
	220	
E		コミュニケーションができるまでに至っていない

資料提供:(財)国際ビジネスコミュニケーション協会

Column

企業はどんなふうにTOEICスコアを利用しているの？

私の教室の生徒さんから話を聞いていると、昨今、実に多くの企業が、TOEICで一定の点数を取ることを従業員に求めているようです。

以前はTOEICの点数を必須としているのは、やはり外資系企業が大半で、日本の企業では電機メーカーの一部という感じでした。外資系企業では、たとえば730点や800点など、求める点数も少し高いのに対し、日本の電機メーカーは全社員に求めてはいるものの、日立が650点、NECが470点、パナソニックが550点、シャープも500点強と、外資系企業に比べるとどちらかといえば全般的に低い点数です。

最近はTOEIC採用企業も増え、少し様相が変わったようです。日本企業でも、製薬会社、商社の大半が昇進要件にTOEICを導入し始め、しかも730点など、高めの点数が設定されています。銀行や証券会社の多くは、全セクションではなく、業務で英語に関係する一部のセクションの人に求めているだけのようですが、その点数は800点前後と、きわめて高い点数のところも多いようです。さらには、外資系金融機関に転職するには900点が必要という話もよく耳にします。

大手自動車メーカーでは、トヨタが有名です。係長が600点、課長が730点です。トヨタが導入している関係で、名古屋周辺のトヨタ系列の企業の大半が同じような点数を社員に求めていると聞きます。

私の教室の生徒にもトヨタ勤務の女性がいましたが、彼女は730点を出した翌月に海外営業部に転勤になりました。トヨタに限らず、大手メーカーは海外拠点や営業所も多く持っていますので、誰を海外の担当にするかを選ぶ際の基準としてTOEICの点数傾向やパターンをつかめば、自分が効率よく点数を伸ばせるのがどのパートなのかを見つけることができますし、どこに集中すべきかもわかりますので、勉強にかける努力と時間に濃淡をつけることができます。各パート何点ずつ取ればよいかといった具合に、自分が一番点数の取りやすい方法で、各パートに目標点数を割り振ります。そして、その割り振られた各パートの目標点達成のためにもっともいい勉強方法をパートごとに研究するのです。

TOEIC攻略には綿密な戦略が必要です。計画も何も立てずに、やみくもに問題集にあたることはやめましょう。

7 スケジュール管理で時間を有効活用する

目標を設定したら、次に**自分の学習全体のスケジュール管理をしましょう。**

人間は弱いもので、最初の段階からきちんとスケジュール管理をしないと、「今日はちょっと忙しいから」「明日は今日の分も取り戻そう」などと繰り返し

English Study Record

No. 3

Time period 12 / 7 ~ 12 / 13

Date＼Time	Morning commute	Lunch at office	Night commute	Night at home
Monday 12 / 7	V3T1P7N153 0:45 N155 1:30 N157 1:15	V4T1P3N41 N44 N47 N50	V3T1P7N159 2m40 N162 3m15s N166 2m53s	V3T1P7N169 3:15 フレーズをエクセル入力
Tuesday 12 / 8	V3T1P7N181 4m15s	V4T1P3N53 N56 N59	V3T1P7N186 4m30s N191 4m45s	フレーズ入力
Wednesday 12 / 9	V3T1P7N196 4m40s	V4T1P3 N62 N65 N68	V3T2P7N153 55s N155 1m9s N157 2m28s	フレーズ入力
Thurday 12 / 10	P5 先生教材 2009.1 12m10s	Nothing AMのmeetingが長引いた為	Nothing 終電で帰宅。 仕事で疲れたので寝た。	フレーズ入力
Friday 12 / 11	V4T1 P4 N71 N74 N77 N80	P5 先生教材 2008.11 4m5s	Nothing ⇒ 飲み会参加の為	
Saturday 12 / 12	朝 金曜分のフレーズ入力	教室までの電車 フレーズプリントアウトの[illegible]レビュー	教室(最終会) P3、(V4T1) P7、SP	教室打ち上げ参加
Sunday 12 / 13	V4T1P4 N83 N95 N86 N98 → フレーズ入力 N89 N92			

ある受験生の１週間の勉強スケジュール例

て、何もしない、何もできないでいるうちに、二週間や三週間なんて、あっという間に過ぎてしまいます。

特に、**学習時間については、予定表を作成する**ことをおすすめします。自分の手帳を利用するか、もしくはTOEIC学習専用のスケジュール帳を作り、ふだんの予定表などよりも少し細かめに、一週間単位でスケジュールを書き込むようにしましょう。予定を組む際には、あまりぎっちりと詰め込まずに、間に調整のための空き時間を入れるようにしておくと気分的にラクになります。

学習時間を各パートに分けると、電車の中やお昼休みなど、自宅できっちりと時間をとらなくてもできる部分があることがわかります。自分の学習プランのうち、自宅でするもの、通勤（通学）時間を利用するもの、会社や学校の昼休みなどの空き時間を使うものと、学習の中身やそのときに使う教材などの種類によって、どこで何をするかをうまく使い分け、**自分の時間を有効利用しましょう。**

8 学習は短期集中で行う

TOEICの学習は、短期集中で行いましょう。学習期間は、その内容や、一日にどれだけの時間を割けるかにもより、一概には言えませんが、だいたい一〇〇点アップで二～三か月程度を目安にしてください。これで、自分の現在の点数と目標点数から、自分に必要な学習時間がわかります。

そして、自分の目標点達成には何か月かかり、そのために必要な一日の勉強時間（平日は一日何時間、週末なら一日何時間など、具体的かつ現実的に）を割り出しましょう。計画を立てずに、だらだらと長期間学習を続けても点数は上がりません。社会人の受験者の方には、仕事が忙しくて、TOEICのための勉強時間を捻出するのが大変な方もいるでしょう。しかし、「時間がない」は言い訳です。**時間は自分で作るものなのです。**

とにかく、短期間徹底的に集中して、一気に点数を上げる、というつもりで、本気で取り組むことです。一年計画のような、長期計画は不要です。学習は多ければよい、長ければよい、というものでは必ずしもありません。逆に、期間があまり長いと疲れてしまって、思ったような結果も出ない場合が多いのです。その気になれば二か月で二〇〇点アップは十分に可能です。私のクラスの生徒さんにも、短期間で結果を出せた人はたくさんいます。

9 自宅での学習時間をきちんと確保する

私の教室の参加者には、勉強時間の目安として、私の教室の時間（週三時間二か月間八回）以外に、毎日自宅で一時間、通勤時間は往復二時間と仮定して両方をリスニングにあて、週末は土日各三時間ずつ、とすすめています。さらに、これらに加えて、お昼休み、食事から一〇分早く帰ってきて、その一〇分を、ウェブで読める英文記事などを利用したリーディングにあてるように、と話しています。

数字だけを見ると、非常に厳しいスケジュールに見えますが、昇進や転職条件にTOEICが必要でどうしても点数を上げたいという人は、仕事でどんな

Column

こまぎれの時間を上手に使って

私の教室の生徒さんの例を紹介します。この方は、初めて受験したときの点数が660点。その後、10年ほどのブランクがあって、最近になって久しぶりに受けてみたところ、630点でした。受験の直前に私の文庫「パワーアップ編」で対策をしたそうですが、TOEICの問題が10年前に比べずいぶん変わっていること、彼女自身のブランクを考えると、点数が少し下がったとはいえ、これは健闘と言える数字です。

その後、彼女は私の教室に参加したのですが、彼女のいいところは、教室以外に、日常の学習時間をきちんと確保し、それをテスト直前まで維持したことだと思います。彼女の日々の学習を紹介してみます。お子さんが二人いるIT関連企業に勤務の女性です。

【朝】家から職場まで車で30分弱の間は、新公式問題集のCDでパート2を聞く。

【日中】打合せなどで本社に電車で移動する機会が多かったので、その時間は新公式問題集のCDでパート2と3を聞く。

【昼休み】毎日、食事から少し早く戻り、業務の英文メール、自社サイトのIR記事などをプリントアウトして読む。

【夜】仕事の関係で毎日は無理だったが、できるときは必ず、自宅で1時間強の勉強時間を確保。

これをテストの直前まで続けたそうです。そして、テスト直前1週間は、私の教室での教材を使ってパート5とパート6の問題を復習、直前3日間は、新公式問題集を使ったリスニングセクション先読み練習開始と、直前対策も私の教室でのアドバイスどおりで完璧です。

これだけのがんばりを維持した彼女は、3か月後、見事に785点にまで点数をアップできました。まとまった時間の確保はなかなか難しいものですが、このように、毎日のちょっとした時間をうまく使いそれを維持すること、それが大事です。忙しいビジネスパーソンはぜひ彼女のやり方を参考にしてください。

に疲れて遅く帰ってきても、時間をやりくりして学習しています。二か月で一五〇点アップや二〇〇点アップを成し遂げるのは、そのような人たちです。

いくら私の教室に来ても自宅学習に時間をかけていない人は点数が上がっていません。私の教室の生徒さんには、私が効率のいい勉強の仕方を教え、教材を提供していますが、それでも二か月で大幅に点数をアップさせようと思えば、集中的に勉強をしなければなりません。教室での勉強があってもそうですから、まして、独学で勉強する人は、そうした人たち以上にきちんと勉強時間を確保しなければならないというのは推して知るべしです。

長年勉強しているけど点数が上がらない、という人がいます。点数が上がらないのは、勉強の仕方を間違えているか、勉強時間が絶対的に足りないかのいずれかです。以前、有料で電話相談を受けていたことがあるのですが、ずっと点数が上がらない人たちの話を聞いていると、やはりこのどちらかでした。もちろん、この両方が原因という人もなかにはいます。また、何をしてもそうですが、要領がいい人と悪い人の差というのもあります。

しかし、これは大きな問題ではありません。要領の悪い人はいい人に比べ多少時間はかかりますが、それでも正しいやり方を続けていれば、あるとき一気に点数が上がるということは十分にあります。ですから、自分の学習方法の要領のよしあしについては、さほど気にすることはありません。

10 TOEIC学習の優先順位を確認する

やみくもに英語学習を始める前にまずは冷静に、自分の日常生活のなかで、やりたいこと、**やるべきことの優先順位をつけてください**。仕事、家庭、趣味……いろいろあるなかで、もし英語（ＴＯＥＩＣ）学習の位置づけが真ん中より下だったりするようなら、一度中断したり、きっぱりやめてしまったりする勇気も必要です。「とりあえず英語も、そしてＴＯＥＩＣも」という態度では、短期間に点数をアップさせるのは困難です。

11 TOEIC学習中はストイックな生活を

スコアアップをねらっている学習者の方のなかには、昇進や就職の関係など、必ず達成しなくてはならない目標点がある、達成しないと本来の目標に到達できない、といったシビアな事情のある方も多いはずです。そういう場合は、短期間に目標点を達成すると心に決め、徹底的に短期集中で取り組みましょう。何も一生を英語の勉強に捧げるという話ではないのです。必要なスコアを取るまでの短期間だけのことだと思い切ることが必要です。その間は、中途半端に取り組むのではなく、趣味や付き合い酒などもある程度あきらめて、通勤時などのわずかな空き時間も学習に利用するなど、**ストイックな生活を心がけましょう。**朝の時間を有効に使っている人も多いようです。

12 モチベーションを維持する方法を見つける

モチベーションを維持するための自分なりの方法を見つけましょう。いくらきちんと計画を立てても、なかなかそのとおりには進められないものです。特に、自宅で一人で学習をしていると、電話や家事に中断されたり、テレビなどの誘惑に負けたり、いろいろなことが気になって不安になったり集中できなかったりするものです。自宅でだめなら、気分転換と自分への刺激のため、たとえば、学生の多い図書館に行くなどの工夫をしてみましょう。

私の場合、留学のための勉強をしていたのが、ちょうど息子が一、二歳の頃だったため、平日は、自宅ではなかなか時間が取れず、また「勉強」の気分にもなれませんでした。そのため、土日は広尾の都立図書館に通っていました。都立図書館は開館時間が長く、机も広いせいか、勉強をしている社会人が多く、学習には理想的な環境でした。私の受験仲間にもこの図書館を利用していた人は何人もいました。

私が以前に教えていた、赤ちゃんを抱えたある女性の生徒さんは、講義が終わった後、すぐに自宅には帰らず、近くの喫茶店で勉強をしてから帰っていました。やはり自宅に帰ると、どうしても母親としての用事があるために学習時間が取れず、こうして、自分で学習のための時間と場所を確保していたのです。

ほかにも、まっすぐ帰宅せずに喫茶店などで勉強をしてから帰る生徒さんはけっこういるようです。最近は、時間単位で追加料金を払うと、備え付けのデスクやパソコンを利用できるなど、ちょっとした仕事や学習に便利な「学習席」を備えた喫茶店もあるようです。

勉強ができる時間と環境を自分で作るようにしましょう。刺激を受けられる場所に身を置く機会を意識して作ることで、「みんながんばっているんだ」「苦しいのは自分だけじゃないんだ」「自分もがんばろう」といった気持ちになれます。

13 TOEICの出題傾向に関する情報を集める

TOEIC攻略は、**いかにテスト傾向に沿った練習問題を選ぶかがポイント**になります。したがって、あらゆる方法を駆使して出題傾向に関する情報を集めることが必要になります。

お金と時間に余裕があるのであれば、評判のいい学校のセミナーや教室に通い、情報を集めるのが早道です。どこがいいのかについては、英語学習の情報誌や、インターネットなどを使って調べるのがいいでしょう。英語の得意な人のなかには、どの本が点数アップに直結するかなど、適切な情報を提供できる人が多いので、「周りの英語ができる人に聞く」のも一つの方法です。また、いかに高得点を取ったかを体験的にまとめた学習本などを参考にして、短期間で飛躍的に点数を伸ばした人のやり方をまねるのもいい方法です。

14 教室・セミナー選びは学習法に注目

私のＴＯＥＩＣ教室でリーディングセクションの練習をする際には、どのパートであっても必ず時間を計って解いてもらっています。練習量が多いためとても疲れますが、出題されそうな問題を、時間を計りながら、かつ大量にこなすことで、初めて問題のパターンが見えてきます。

点数の低い人にとっては、こうしたやり方は最初はきついかもしれません。しかし、私の教室やセミナーで実際にこのような練習方法に取り組んでいる人たちの様子を見ていると、点数の低い人でも二、三回繰り返しているうちに要領がつかめるようになっています。別の方法（時間を計らない、量をこなさない、パターンに注目しない）を採っている学校やセミナーでは、リーディングセクションの対策に非常に時間がかかってしまいます。

学校やセミナーを選ぶ際には、事前の説明会に参加したり、ネット（ブログやミクシィなどのソーシャル・ネットワーキング・サービスでは熱心に情報が交換されていることがあります）で体験談を集めるなど、とにかくできるだけ情報を集めて、どのような学習方針、練習方法が採用されているのか、どのような内容の授業が行われているのかを、なるべく具体的に知ることがポイントになります。

15 新公式問題集はＴＯＥＩＣ受験者のバイブル

さあ、ＴＯＥＩＣ対策の勉強を始めよう、といっても、何から手をつけていいかわからない、という学習者の方は多いと思います。書店に行けば、たくさんのＴＯＥＩＣ問題集が並んでいます。問題集の選び方や活用法については別にまとめますが、まずは、『ＴＯＥＩＣテスト新公式問題集』（以下、本書では「新公式問題集」）を入手してください。**新公式問題集こそがＴＯＥＩＣ対策のバイブルです**。あれこれ複数の教材や語学サイトに手を広げず、まずは新公式問題集四冊を徹底的に活用してください。

新公式問題集の活用法については、第2章でもくわしく紹介します。ここで言う「活用」とは、ただ単に問題を順に解いて終わり、ということではありません。問題を解き、問題のポイントを理解し、音声CDを聞き込み、出てきた単語を覚え、出題されている問題の傾向を分析し、といった具合に、新公式問題集を徹底的に使い込むことが必要になります。

16 TOEIC出題パターンをつかんで適切な問題集を選ぶ

点数が上がらない人のなかには、TOEICの出題傾向に沿っていない問題集に一生懸命取り組んでいたり、さらにはそうした問題集を取っ替え引っ替えして勉強したりしている人が少なくないようです。TOEICに関する問題集はそれこそ山ほど出ていますが、出題傾向にぴったり沿っている問題集はさほど多くはありません。**傾向に沿った問題集を見つけたらそれを繰り返し練習し、TOEICの出題パターンをつかむ**ことです。点数が上がる人というのは、出題傾向にぴったり沿っている問題集を見つけたら、それを徹底的に活用

受験者のバイブル、TOEIC新公式問題集

書名	TOEIC テスト新公式問題集
著者	ETS著
発行／刊行	国際ビジネスコミュニケーション協会／2005年
特徴	2006年5月のTOEIC改変以降の問題出題パターンをそのまま示している。言うまでもなく、受験者にとってバイブル中のバイブル（本書では「新公式問題集」）。

書名	TOEIC テスト新公式問題集 Vol.2
著者	ETS著
発行／刊行	国際ビジネスコミュニケーション協会／2007年
特徴	新公式問題集第2弾。和訳・音声スクリプト・スコア換算表つき。サンプルテスト（16問）、練習テスト2回分（200問×2 計400問）。

書名	TOEIC テスト新公式問題集 Vol.3
著者	ETS著
発行／刊行	国際ビジネスコミュニケーション協会／2008年
特徴	「新公式問題集Vol.3の効果的な使い方」「覚えておくと便利な表現」を新たに掲載。CDのPart3の会話とPart4の説明文の音声に1つずつトラックがつき、頭出しが容易になっている。

書名	TOEIC テスト新公式問題集 Vol.4
著者	ETS著
発行／刊行	国際ビジネスコミュニケーション協会／2009年
特徴	聞きたい音声を簡単に探せる「CDトラック一覧表」を新たに掲載。トランスクリプトにナレーターの発音の種類（米国・英国・カナダ・オーストラリア）を初公開。

することで、TOEICによく出る問題、TOEICの練習になる良い問題をたくさんこなしている人です。

一度目を通した問題集は答えを覚えてしまうかもしれませんが、それでもかまいません。答えを記憶してしまったとしても、覚えていないことにし、毎回初めて解くような態度で問題集に向かってください。そして、繰り返し解くことで、TOEICの出題パターンとポイントをつかむ練習をしてください。

答えを覚えるのではなく、あくまでも、出題のパターンとポイントを覚えるのが大事だということを忘れないでください。

17 古い問題集・参考書を使わない

執筆時期の古い参考書・問題集はできるかぎり使わないようにしましょう。最近のTOEICは、二、三年前に比べるとビジネス関連の文章が多用されるようになり、英文の量も増え、読解問題では「情報を取る読み方」をしなければ、時間内に終わらないなど出題傾向も出題単語も少しずつ変わっているため、**出版年の古い本はあまり参考にならない場合が多い**です。

新公式問題集以外の参考書・問題集を選ぶ際は、書店で目についたものをいきなり購入するのではなく、出版社や著者のサイトなどもチェックして、購入を検討している本の著者が、TOEICに関して、最近の出題傾向をどのくらい熟知分析しているかに関する情報を十分に得たうえで、自分に合った本を選ぶようにしましょう。

18 問題集は使える部分のみを使う

TOEICは、良い問題集はあっても、全パートに関して内容が良いという問題集は必ずしも多くはありません。**問題集は、使えるパートのみを使うようにしましょう**。せっかく買ったので、もったいないからと、無理に全部を使う必要はありません。使えるパートごとに問題集を使い分けることも大事で、結

スモピア／2005）

【リスニング】
中村澄子『TOEIC TEST　リスニングの鉄則』（講談社インターナショナル／2009）
塚田幸光、高橋基治『TOEICテスト Part3&4を一気に3問解けるようになる本』（小学館／2009）
中村紳一郎、神崎正哉他『TOEICテスト リスニングBOX』（ジャパンタイムズ／2008）

【リーディング】
中村澄子『新TOEICテスト　1週間でやりとげるリーディング』（中経出版／2009）
中村澄子『TOEIC TEST　リーディングの鉄則』（講談社インターナショナル／2007）
高橋基治、塚田幸光、James DeVos『TOEICテストPart7を1問1分で解けるようになる本』（小学館／2008）

【問題集】
『新公式問題集 Vol.1～4』TOEIC運営委員会
『Tactics for TOEIC』洋書（Oxford／2007）
『極めろ!リーディング解答力TOEIC TEST Part7』イ・イクフン（スリーエーネットワーク／2009）

なお、本文でも繰り返し力説していますが、基本的には、私は新公式問題集の活用（と、教室では自分で作成した教材）を学習の中心にしていますので、市販教材について、広く調査をしているわけではありません。ここに挙がっていないものにも評判のいいものはあるかもしれません。あくまでも一例です。

おすすめ参考書&問題集

以下におすすめの参考書と問題集をいくつか挙げます。教材選びの参考にしてください。

【概要】
ロバート・ヒルキ、ポール・ワーデン、ヒロ前田『New Version対応新TOEICテスト直前の技術・スコアが上がりやすい順に学ぶ! 11日間即効プログラム』(アルク/2006)
キム・デギュン『TOEIC Test「正解」が見える　増補改訂第2版』(講談社インターナショナル/2007)
中村澄子『できる人のTOEICテスト勉強法』(中経出版/2008)

【文法】
中村澄子『1日1分レッスン!　TOEIC Test』シリーズ(祥伝社黄金文庫/2005〜2009)
小石裕子『新TOEIC TEST英文法出るとこだけ!　直前5日間で100点差がつく27の鉄則』(アルク/2007)
石黒昭博監修『総合英語Forest』第6版(桐原書店/2003)

【単語】
藤井哲郎、宮野智靖『TOEIC TEST究極単語　Advanced 2700目指せ!　スコア750-900突破』(語研/2006)
藤井哲郎、宮野智靖『TOEIC TEST究極単語　Basic 2200目指せ!　スコア500-730突破』(語研/2006)
中村澄子『1日1分レッスン!　TOEIC Test　英単語、これだけ』(祥伝社黄金文庫/2006)
中村澄子『同上、セカンド・ステージ』(祥伝社黄金文庫/2008)
成重寿『TOEIC TEST英単語スピードマスター　BASIC500』(Jリサーチ出版/2008)
高橋基治、武藤克彦他『TOEICテスト、出まくりキーフレーズ』(コ

果的に、そのほうが学習効率、費用対効果を高めることになります。

たとえば、パート5は、回によって多少の変動はあるものの、四〇問のうち約半分を語彙や熟語やコロケーション（単語と単語の組み合わせ）に関する問題が占めています。残り二〇問のうち三割程度が品詞に関する問題です。つまり、時間のない人は残りのたった十数問ほどのために、文法の問題集に最初から最後まできっちり取り組む必要はない、ということになります。

19 文法が苦手でも中学・高校用参考書に戻らない

文法が苦手な人は、中学校や高校の参考書など、初級のものに戻って基礎をおさらいしたほうがよいと説く参考書やサイトもあるようです。ただ、ＴＯＥＩＣでは日本の受験に出るようなあまりにも難しい文法問題はほとんど扱われないため、中学・高校の参考書に戻って、数ある文法事項を順番に覚えていくことは、時間対効果がかなり低くなり、遠回りになります。

文法が苦手だからといって、中学校や高校の参考書に戻る必要はありません。新公式問題集で頻出問題を研究し、そうした頻出問題によく出てくるような文法事項のみをおさえておけばいいのです。頻出問題は、品詞関連の問題を中心に、簡単な問題ばかりです。評判のいい問題集の中から頻出問題のみを抽出し、それらを解いて勉強を進めていくと、わからない問題にしょっちゅう出くわすはずです。わからない問題に出会ったら、そのたびに、つまずいた問題で問われている関連の文法項目のみを、たとえば『総合英語Ｆｏｒｅｓｔ』（石黒昭博監修、桐原書店）のような文法書でチェックして覚えるようにするのがいいでしょう。ただし、文法力があまりにないために、パート7の読解問題の問題文を読めないという人は、長文を読むのに必要な最低限の文法は学習する必要があります。

20 クイズ感覚で学習を楽しいものにする

テストというと、どうしても学校の定期試験や大学受験がイメージされるせいか、その連想で、テストのための勉強は、難しい、つまらない、詰め込みであるといった否定的な印象を抱く人も少なくないようです。TOEIC受験が会社で必要なので否応なく、という受験者の場合はなおさらでしょう。

しかし、どうせ同じ勉強をするなら、嫌々するのはもったいない。テストの勉強イコールつまらないものという感覚から脱して、**TOEICの問題をクイズ感覚で解くようにすれば勉強も楽しくなります**。実際に、TOEICの問題には、純粋に英語の知識を問うというよりも、むしろ受験者を引っかけるために問題に隠されたとしか思えないような「トリック」もあります。それを見抜けば、パズル感覚で問題を解ける場合もあります。

テストのための勉強だから、と最初から否定的なイメージで始めるのではなく、積極的に自分でも楽しく勉強できるよう工夫しましょう。頭を切り替えるだけで、同じ「勉強」でもイメージはかなり違ってくるものです。

21 TOEICの勉強は時間を計りながら行う

TOEICの基本をひととおり確認したら、実際に問題を解く練習に入ります。リーディングセクションの問題を解く際には、**必ず時間を計って練習するようにしましょう**。TOEICは時間配分が重要です。頭を速く回転させ、短時間に処理する能力が問われるため、時間内に大量の問題を処理する練習、つまり、集中力を高め、頭を速く回転させる練習が必要になります。

時間内に大量の問題を処理する能力は、練習によって高めることができます。ふだんから時計を用意し、時間を計って問題を解くのを習慣にしておくと、TOEICの時間感覚に自然に慣れることができます。リーディングセクションでは、この時間感覚の慣れが威力を発揮します。

22 時間管理を徹底する

ＴＯＥＩＣでは、短時間に多くの問題を解かなくてはなりません。全体の時間配分を考えずに前からだらだらと解いていくと、最後に手つかずの問題が残ってしまい、結果として点数も上がりません。**時間配分に気をつけましょう。**

時間内でできるだけ多くの問題、できれば全問を解けるよう、ふだんの学習時から時間管理を徹底するようにしましょう。点数が低い人ほど、この時間管理が重要になります（私の教室やセミナーでも、多くの生徒の方が実感しているようです）。

最初は各パートの全問正解をねらわなくてもかまいませんので、各パートに時間をうまく配分して、時間内に全問解くことを目標にしましょう。最後に一〇問残ってしまう、を当たり前にしないことが大切です。

理想的な時間配分は、パート5に一五分、パート6に六分、パート7に五四分（一つの文書問題に三四分、二つの文書問題に二〇分）です。

23 勉強には手を動かす作業を取り入れる

覚えたい単語やフレーズに出会ったら、また、わからない文法事項が出てきたら、それを**読むだけで済ませずに、自分の手でノートなどに書き写す**ようにしてください。問題集や自分の学習用ノートを使って勉強する際も、どんどん本やノートに書き込んだり、大事だと思ったところや何度も間違えてしまうところに線を引いたり、関連する文法事項の説明が載っているほかの本のコピーを貼ったり、など、自分の手を動かす作業を取り入れるようにしてください。

単語や文法ポイントの整理にパソコンを使っている人も多いかと思いますが、できればパソコンの画面上だけで作業を完結させず、あえて手作業の部分を入れてみましょう。記憶への残り方が格段に違ってくるはずです。

「目で追うだけで十分」という意見の人もいますが、単語や文章を目で追うだけでは「答え」を覚えることになってしまい、問題のポイントを覚える、理解することにはならない場合が多いようです。すると、応用問題として少し出題形式が変わると、とたんに対応できなくなってしまいます。

24 ノート作成時間は勉強時間に含まない

自分で勉強しやすくするために、ていねいすぎるノートや切り貼りを作る人は多いです。ノートの作成自体はいいことですが、かなりの時間を要する作業であれば再考が必要かもしれません。

資料の大事な部分だけを切り貼りしてクリップでまとめる、ノートを作らず重要な問題のコピーをして直接書き込むなど、工夫しましょう。たまに、ノート作成に勉強時間の半分を取ってしまっていてその時間も勉強をした気になっている人がいますが、ノート作成時間は勉強時間からはずし、一日の所要勉強時間は別に確保しましょう。忙しいためにきれいなノートを作らず、裏紙の走り書きの束を持っていてそれで高得点を出した人もいます。忙しいビジネスパーソンにとって時間は貴重です。時間は上手に使いましょう。

目標900点をクリアしたIさんの得点の推移

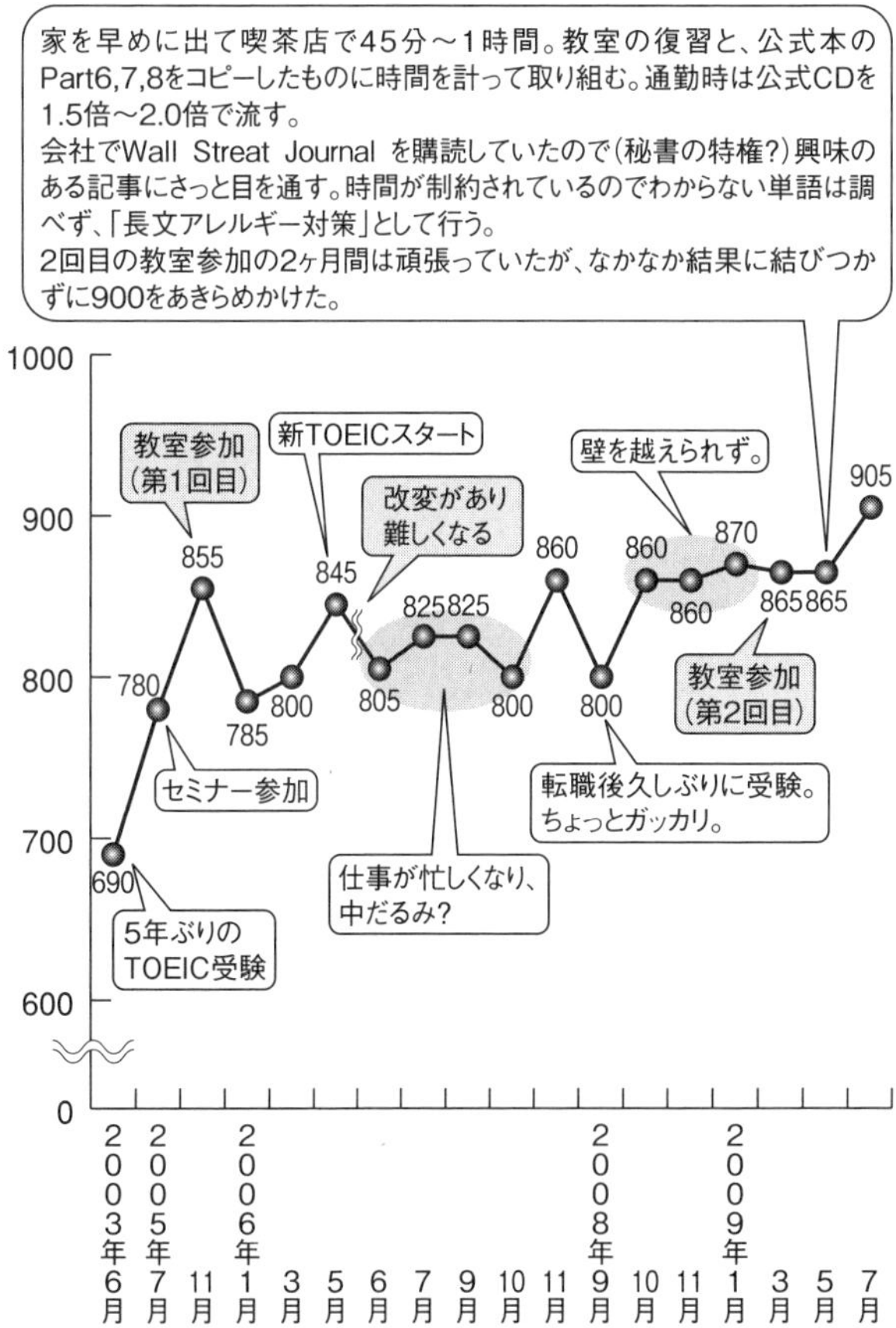

家を早めに出て喫茶店で45分～1時間。教室の復習と、公式本のPart6,7,8をコピーしたものに時間を計って取り組む。通勤時は公式CDを1.5倍～2.0倍で流す。
会社でWall Streat Journal を購読していたので（秘書の特権?）興味のある記事にさっと目を通す。時間が制約されているのでわからない単語は調べず、「長文アレルギー対策」として行う。
2回目の教室参加の2ヶ月間は頑張っていたが、なかなか結果に結びつかずに900をあきらめかけた。
1000
900
800
700
600
0
教室参加（第1回目）
新TOEICスタート
改変があり難しくなる
壁を越えられず。
905
855
845
860
860
870
825825
860
865865
780
785
800
805
800
800
セミナー参加
転職後久しぶりに受験。ちょっとガッカリ。
教室参加（第2回目）
690
5年ぶりのTOEIC受験
仕事が忙しくなり、中だるみ?
2003年6月
2005年7月
11月
2006年1月
3月
5月
6月
7月
9月
10月
11月
2008年9月
10月
11月
2009年1月
3月
5月
7月

25 一度間違える問題はたびたび間違える

不思議なことに、一度間違えた問題は何度出てきてもなかなかできないもの。つまり、**つまずく問題というのは意外に毎回同じ**なのです。たびたび間違える問題、頭に入りにくいものは、いくら眺めていても、漫然と解いていても、簡単には覚えられません。問題をまるごと書き出す、問題集の解説に辞書や文法書で調べた自分なりのポイントを書き加える、といった工夫が必要になります。自分流のノート、「頻出問題カード」「頻出ポイントカード」などを作るのもいいでしょう。

私の教室の生徒さんで、特に短期間で点数を上げる人は、いろいろと工夫して自己流のノートを作り、それを活用している人が多いようです。

26 余計な問題・教材には手を出さない

限られた学習時間を有効に使うためには、余計なものには手を出さないことです。やっても時間の無駄、手を出してはいけない教材や学習法というのが、TOEIC対策に関してはあるからです。ある生徒さんは、私の教室に参加する一方で、高価なリスニング教材を購入し、リスニング学習をしていました。

　また、以前通っていて点数をアップできなかった学校の教材を、私の教室に参加してからも続けていました。それらを一切やめてもらって、私の教室のやり方に特化《とっか》してもらったところ、無事に二か月で二〇〇点アップに成功しています。

27 学習範囲はむやみに広げない

勉強を始めると、これも出るかもしれない、あれも出るかもしれない、これもやっておこう……と、カバーしておく範囲が広ければ広いほど安心できそうな気がして、ついついいろいろなものに手を出し、勉強の範囲を広げてしまいがちです。

しかし、TOEICでは学習範囲の幅広さが要求されるわけではありません。ビジネス系の文章が主で、かつての難関大学の入試問題に見られたような文法の難問奇問の類は出ないなど、範囲ということで言えば、ある程度限られていると言えます。**できるかぎり勉強範囲を狭めてターゲットをしぼり、効率よく勉強する**のが重要です。

28 出題頻度の高いものからマスターする

高得点をねらう人は、自分ができない問題、つまり、たまにしか出ないような問題をいかにカバーするかを考えなくてはなりませんが、点数の低い人は、まず**各パートで、もっとも出題頻度の高い問題からマスターする**ようにしましょう。

たとえば、パート2では、５Ｗ１Ｈで始まる質問が二〇～三〇パーセントくらいを占めています。これらの問題は、たいてい最初の疑問詞と主語と述語を聞くだけで答えられるため、そのポイントをおさえておけば、攻略しやすい問題と言えます。その攻略しやすいものをおさえれば、二～三割確保できたことになるのです。

また、頻出問題のうち、もう少し高度な例としては、「ＯＲ問題」（選択問題）があります。「ＯＲ問題」は、Do you..., or are you...? のように複数の要素からどちらが正しいか、適切か、あてはまるかを選ばせる問題です。一文が長く、初心者には難しい問題ですが、これも毎回三問前後出ます。これが苦手だなと思ったら、新公式問題集から「ＯＲ問題」を選んで抜き出し、それだけを徹底的に練習します。そうして数をこなして慣れていけば、必ずできるようになります。

苦手だからといって頻出問題の対策を怠ると、点数をまとめて落としてしまうことになりかねません。頻出問題に焦点をしぼって練習するやり方は、特に、六〇〇点以下の人には効果的です。

29 TOEICで勝敗を決めるのはパート3と7の対策

特に、**新TOEICでは、パート3とパート7の得点が勝敗を決めます。**リスニングセクションではパート3、リーディングセクションではパート7の対策を学習の中心にするのがいいでしょう。新TOEICに変わって、「英語はそれなりにできるから、別に準備をしなくても高得点が取れる」というやり方が通用しにくくなりました。つまり、**TOEICにはTOEICの対策が必要だ、ということです。**パート別の対策は第2章で詳述しますが、リスニングセクション、リーディングセクションを概観すると、次のような内容になっています。

まず、リスニングセクションについて、パート3とパート4では、時間内に終わらせるためには、設問と選択肢の先読みをしなければなりません。それには練習を重ねて先読みのコツを習得し設問のキーワードなどをヒントに聞くべき箇所を特定する練習をします。さらに設問と選択肢を一題分、三問先を読むことができる、速読力を身につける必要があります。パート3とパート4では、パート3のほうが大変です。パート3が、話が次にどこに飛ぶかが想像しにくい会話であるのに対し、パート4はアナウンスメントやニュースなどストーリーに一貫性がある文章ですので、話の流れが想像しやすいのです。

パート3もパート4も解き方は同じですから、パート3ができればパート4はできるという構図になります。パート1は少し難しくなりましたが、パート3やパート4に比べるとさほど難しい問題ではありません。点数に差が出やすいのがパート3なのです。

一方、リーディングセクションについては、新TOEICに変わって重要度を増したのがパート7です。問題数も、一問あたりの読ませる英文の量も増えました。ふだんから速読に加え、スキミング（大まかな情報を取る読み方）やスキャニング（必要な情報を探す読み方）の練習をしておかないと、時間内に最後までたどりつけません。問題を残してしまうようだと、高得点はねらえません。パート7の練習で速読力や情報収集力を身につければ、パート7自体の対策として有効なだけではなく、先読みが必要とされるリスニングセクションのパート3とパート4対策としても効果を発揮します。

このように、リスニングセクションではパート3が、リーディングセクションではパート7が鍵になります。リーディングセクションでは、対策のしやすいパート5に力を入れる人も多いようですが、TOEIC改変後はそうしたパート5一辺倒の従来の学習スタイルから、パート7の対策を中心に変えたほうがいいでしょう。

30 英語力は、聞いた総量、読んだ総量で決まる

英語力は、その人がそれまでの人生において聞いた総量、読んだ総量で決まると言われています。その「貯金」のない人は、短期間で貯金を作らなければなりません。これからいったいどれだけ読んだり聞いたりしなくてはならない

のかと、暗澹《あんたん》たる気持ちになる人もいるかもしれません。しかし、ＴＯＥＩＣの点数を上げたいということだけであれば、読んだり聞いたりすべきものはある程度決まってきます。ＴＯＥＩＣに出る問題、表現、単語に限定すれば、それほど膨大な分量ではないからです。大事なのは、短期間にその貯金を意識して作ることです。

貯金が十分でないＴＯＥＩＣ学習者は、英語が好きだったり、趣味や仕事で英語にたくさんふれてきたりした、いわば「貯金がある人」の、それこそ倍の多読、多聴をする覚悟で学習に臨みましょう。

31 どうしてもスコアアップしたければ毎回受験する

どうしても目標点を出したい人は、一度受験して思ったような結果が出せなかったからといってあきらめず、続けて受験してみましょう。それこそ、満足のいく点数が出るまで毎回受ける、というつもりで臨んでください。ＴＯＥＩ

Cでは均質性は世界的にも保たれているとはいえ、やはり、人間の作ったテストですから、受ける回によって「当たり」「はずれ」があります。たまたま自分の得意なタイプの問題やテーマが出ることもあれば、そうでないこともあるでしょう。また、標準偏差＋αで点数が計算されているため、受ける回の受験者全体のレベルも、多少スコアに影響します。

毎回受けることによって、問題の形式やパターン、時間配分など、テストへの慣れも出てきますし、なにより、連続して受けることで、モチベーションの維持もできることになります。受験地にもよりますが、特に五月、六月、七月と、九月、十月、十一月は、三か月連続でテストがあります。この三か月、連続して受けてみるのもいいでしょう。

Column

NHKラジオもおすすめ――息抜きに……

リスニング対策には、新公式問題集が4冊あれば十分であることは、すでに説明したとおりで、ほかにあれこれとバリエーションを用意する必要はありません。ただ、息抜きとして、NHKラジオの番組が1本くらいあるのはいいでしょう。

初級者には内容がビジネス関連のNHK「入門ビジネス英語」、中級者以上には「実践ビジネス英語」がおすすめです。TOEICにはビジネス系の英文の出題が多いので、『ビジネス英会話』を聞けば、TOEICによく出題される単語が自然に頭に入ります。

ただし、NHKラジオを聞くと、その分、勉強をした気になってしまうので注意が必要です。本文でも説明したとおり、TOEICのリスニング対策は、あくまでTOEICのリスニングセクションの内容に合ったものを使って、TOEICリスニングに特化して行うのが基本です。ほかの教材を聞くのは、参考や息抜きにはなっても、TOEICリスニング対策の代わりにはなりません。あくまでリスニング学習の補助となるだけと考えてください。そのことを頭に入れて、TOEICリスニングの勉強時間は別にきちんと確保しておくことを忘れないようにしてください。

第2章

TOEIC®テスト、スコアアップするために

TOEIC 攻略法、83 のヒント

この章では、セクション別、パート別に、TOEIC対策の具体的な学習法や学習するうえでの注意事項を紹介していきます。TOEIC対策の基本は、戦略と集中です。短期間の学習で確実に点数をアップさせるには、一切の無駄は許されません。この章で紹介している学習法を自分なりに消化して、効率のいいTOEIC学習を心がけてください。

リスニングセクション共通対策

〈リスニングセクションとは？〉

・TOEICのリスニングセクションは、時間にして四五分、四つのパートに分かれており、合計で一〇〇問の問題があります。

・パート1は写真を見て答える「写真描写問題」、パート2は発言を聞いて適切な応答を選ぶ「応答問題」、パート3は、会話のやりとりを聞いて内容に関する設問に答える「会話問題」、パート4は説明文を聞いて内容に関する設問に答える「説明文問題」となっています。

・リスニング対策の鍵ははじめにパート3で、次にパート2です。まずはパート3をおさえることが重要です。

32 新公式問題集に始まり新公式問題集に終わる

ＴＯＥＩＣのパート２で出題される「トリック」や正解となる「会話が自然に流れるもの」の微妙なニュアンスなどすべて網羅したようなリスニング教材は、あまり多くはありません。書店には大変な数の参考書・問題集があふれ、英語情報誌やサイトにもさまざまな情報が交錯しているため、どの問題集から始めればいいのか迷っている人は多いと思います。

とにかく新公式問題集から始めることです。**TOEIC対策は、新公式問題集に始まり新公式問題集に終わる、**と言っても過言ではありません。

33 リスニング教材はTOEIC用のものを利用する

リスニング教材にはいろいろなものがあります。ＴＯＥＩＣに有効と銘打《めいう》てばそれなりに売れるためか、書店にはＴＯＥＩＣを書名や帯の宣伝文句に冠し

Column

IPテストって、どんなテスト？

企業や団体で受験するTOEICテストをIPテストと言います。IPテストを実施している企業は多く、受験料の一部を企業が負担している場合も少なくありません。

IPテストは半年くらい前に韓国で実施された公開テストではないかという説もありますが、いずれにせよ、公開テストの内容とは大きくはかけ離れてはいないようです。

企業で実施していない場合にも、東京地区であれば、早稲田大学、明治大学、青山学院大学、留学ジャーナルなどに申し込めば誰でも受けることができます。留学ジャーナルでは、公開テストの1週間前に実施されているせいもあり、私の教室生の中でも短期で高得点を目指している人は受けている人が多いです。公開TOEICテスト直前にIPテストを受けることで自分の弱点がわかりますし、時間配分の感覚をつかめるということもあり、いい練習にもなります。モチベーションの維持にも役立つので、私もすすめています。

1996年のTOEICテスト改変までは、IPテストのほうが公開テストより点数が高いことが多かったですが、現在はそうでもなく、さほどかけ離れた点数は出ていないようです。受験料も公開テストに比べれば少し安く設定されているところが多いです。

公開テストの点数しか認めない企業もありますが、どちらでも大丈夫な企業もあります。トヨタ自動車やIBMはIPテストの場合は社内実施のものしか認めないとしていて、かつ社内実施のIPテストの場合は、点数が過去に申告した公開テストより悪くても、直近のIPテストの点数が個人データとしてアップされるので、社内でのIP受験を避けて公開テストを受験する人のほうが多いようです。公開テストであれば一番いい成績を自分で申告できるからです。

蛇足になりますが、TOEIC運営委員会は点数の有効期間は2年としていますが、ファイザー製薬では有効期間は1年と決められていてそのせいか私の教室への参加者も多いです。

た書籍があふれています。しかし、**TOEICのリスニング対策には、TOEICの出題傾向に沿った練習問題が一番です。** 通常の英会話に有効なものとTOEIC対策の即戦力になるものとでは英文の内容が異なりますので、必ずTOEICのリスニング対策教材を選ぶようにしてください。帯に「TOEIC、、にも有効」「これでTOEICもOK」などとあっても、まどわされないことです。

リスニング対策には、新公式問題集四冊で十分です。どうしても、という方はほかには、 TOEICのパート3、パート4の**先読み練習用の教材が一、二冊あれば十分です。** ほかにあれこれとバリエーションを用意する必要はありません。特に、時間のない方は、複数の教材に手を広げて中途半端な学習にならないよう、新公式問題集四冊だけに集中してください。ただし、新公式問題集には解き方についてのノウハウは掲載されていないので、ノウハウ本を一～二冊用意するといいでしょう。

34 リスニング対策と英会話上達は切り離して考える

「ＴＯＥＩＣに有効だというので、英会話のリスニング教材を使ってみたのですが、思うような効果がありませんでした。リスニング対策は、どうすればいいのでしょうか」というような相談を受けることがあります。効果が上がらないのは当たり前のことです。教材の選択を間違えているからです。英会話教材を使ってＴＯＥＩＣのリスニング対策をと思ってみたところで、英会話能力アップも、ＴＯＥＩＣの点数アップも、両方が中途半端になるだけです。

英会話教材は、日常の場面別に対話式の会話表現があり、それに解説がつくスタイルがほとんどですが、ＴＯＥＩＣのリスニングではそのようなかたちの出題はされず、内容もビジネス関連のものが多いです。つまり、ＴＯＥＩＣの出題傾向に沿っていない教材で勉強をしていることになり、当然、点数アップには時間がかかり、それどころかまったく効果がないこともあります。

短期間で効果を上げたい人は英会話もＴＯＥＩＣもと欲ばらず、ＴＯＥＩＣに特化したやり方で、できるだけ短期間に目標点を出してしまうことです。目標点を出した後に、旅行会話でも日常会話でも、自分の好きな英会話の勉強に移ればいいのです。しかし、**目標点達成までは、教材や学習法の「浮気」は禁物です。**

35 TOEIC学習にディクテーションは必要ない

TOEICにディクテーションは必要ありません。TOEICの点数アップ対策にディクテーションをすすめている教材やサイトがあるせいか、特に、点数があまり高くない人のなかにディクテーションをしているという人が多いようです。

ディクテーションは、英文を聞き取り、それを書き取っていく作業です。つまり、一語一句音を聞き取らなければならないので、非常に時間がかかります。そのようなこまかな作業はTOEICに向かないばかりか、TOEICに必要な、大事なポイントだけは逃さず聞き取るという力が、いつまでたっても身につかないことにもなりかねません。無駄であるとは言えませんが、時間対効果が低いため、少なくともＴＯＥＩＣ対策という点ではあまりメリットはないと思います。

もちろん、ＴＯＥＩＣに限定せず、一般的な英語の学習と考えればディクテーションは大変有効です。ここでメリットがないとしているのは、あくまでも時間のない方で、しかも効率よくＴＯＥＩＣの点数を上げたいという方へのメッセージです。目的の違いによる向き不向きの問題であって、学習法の優劣の問題ではないことはご理解ください。

ＴＯＥＩＣのリスニングセクションは、全体の意味がなんとなくわかればいいという問題が大半です。そのような傾向に合った学習法はディクテーションとは別に存在します。ディクテーションにかけている時間をほかの勉強に振り分け、限られた学習時間を効率的に使うべきです。

たとえば、パート２には、疑問詞で始まる問題が多く含まれています。疑問詞で始まる問題であれば、最初の疑問詞・主語・述語が聞き取れるかどうかがポイントになります。逆に言えば、この三つの要素さえ聞き取れれば、全文が聞き取れなくても解ける問題が多いということになります。ディクテーションのように、頭から一語一語聞き取っていくというよりも、文章の中でより重要な情報（ここでは、疑問詞・主語・述語）を的確に聞き分け、聞き取る練習をしたほうが効果的ということになります。

ただし、パート1は、英文も短く、ディクテーションにさほど時間もかかりませんので、あるいは効果的かもしれません。

36 トリックの特徴をおさえるのがTOEIC対策の基本

TOEICですでにある程度高い点数が取れている人は、もともとそれなりにリスニングができるため、今さらTOEICに特化したリスニング対策をする必要がないと考えている人も多いようです。そういう人に限って、TOEICのリスニングに特徴的な部分がおさえられていないために、得点を伸ばすことがなかなかできず、「なぜ自分は九〇〇点以上を取れないのか」と悩むことも多いようです。特にＴＯＥＩＣテスト改変以降、こういう悩みを抱えた人が増えているように思います。

ＴＯＥＩＣのリスニングセクション、パート１にもありますが、特にパート２には、いわゆる「トリック」が多いため、ただ単に英語がそこそこ聞き取れているというだけでは正解できないことがあります。やはり、**確実に点数に結びつけるには、ＴＯＥＩＣならではのトリックや出題傾向に通じていなければなりません。**

パート３やパート４も同様で、やはりＴＯＥＩＣ特有の解き方があります。設問と選択肢の先読みの練習をしてそれをヒントにポイントを聞くためのコツを習得する必要がありますので、一般的なリスニングがある程度できる人であっても、ＴＯＥＩＣのための対策が必要になるのです。

点数の高い人は、もともとある程度聞き取る力がありますので、ＴＯＥＩＣの特徴をおさえるのにあまり時間はかかりません。九〇〇点以上を取るには、単に英語が聞き取れるかどうかだけではなく、ＴＯＥＩＣ自体のしくみを知ることが必要になるのです。

37 リスニングセクションに出る単語の特徴をおさえる

パート2、パート3、パート4で出題される単語には、特徴・くせがあります。新公式問題集四冊八回分の模試を使って、よく出る単語をおさえましょう。同じような単語が繰り返し出ているのがわかります。特に大学生や主婦の方のように、ふだんビジネス関連の語彙にふれる機会の少ない人は、invoice（請求書）、office supplies（事務用品）といった、ビジネス分野では頻出の基本語でも意外に知らないことがあるようですから、注意が必要です。

38 リスニングは毎日学習するのが基本

短期集中で点数を出す、が基本ですから、**リスニングには毎日少なくとも二時間は割いてください。**自宅などの環境で集中して聞く、というのが理想ですが、忙しいなかギリギリの時間で勉強をしている人が大半でしょうから、なかなかそうはいかないでしょう。そういう方は、通勤（通学）時間を有効に使ってください。

通勤（通学）時間は、往復とも新公式問題集を使ってのリスニング練習にあてましょう。片道一時間で往復二時間です。職場（学校）が近い人は、早く帰れる分、不足分を夜に自宅で確保するなどしてください。わざわざ時間のかかる各駅停車に乗って、その分をリスニングの時間にあてている人もいます。時間の確保は、工夫次第でどうにでもなるはずです。

最初は速いと感じるかもしれないスピードにも、毎日リスニングを続けていると慣れてきます。少し続けて新公式問題集のリスニングのスピードに慣れてきたら、お持ちの機器が再生速度の調整ができるものであれば、再生速度を一・三倍速とか一・五倍速に上げて聞くのもいいでしょう。音声ファイルの再生速度を速くする無料のソフトもインターネットで入手できるようです。

通勤時のリスニング練習の際は、トランスクリプト（リスニングの読み上げ文を書き起こしたもの）を縮小コピーして常に持参し、パート3やパート4であれば設問や選択肢の先読みの練習や、聞くべきポイントをチェックしたりするとさらに効果的です。トランスクリプトなしでただ聞き流すだけでは効果は半減します。必ずトランスクリプトを持参しましょう。

どうしてもまとまった時間が取れないという人は、食事中にかけておく、着替えるときにかけておく、などでもかまいません。まったく聞かないよりは、「ながら聞き」でもはるかに効果的だからです。私のセミナー参加者のなかには、防水のCDプレーヤーを買って入浴中にも聞き続けていたという人もいました（さすがにここまでするのはなかなか大変ですが、この方は、社内留学がかかっていたそうで、モチベーションが相当に高かったのだと思います）。

運動や音楽の練習などと同じで、聞かない日が続くとリスニング力は退化します。一日でも休むとまた前に戻って始めなければならなくなります。

39 リスニングにも速読力と語彙力が必要

文法がある程度理解でき、ある程度の語彙力があれば、英文をすべて聞き取れなくても聞き取れない部分が想像できます。つまり、全文が聞き取れなくても解ける問題が増えます。

TOEICのパート3とパート4では、設問と選択肢の先読みをしなくてはならないため、速読力や語彙力が物を言います。リスニングセクションの攻略に必要なのはリスニング力だけではありません。実は、**速読力や語彙力が、リスニングセクション攻略にとって、思いのほか重要になります。**

40 米英豪加の発音バリエーションは気にしなくてよい

米音以外の発音バリエーション（イギリス、カナダ、オーストラリア）**についてはあまり気にせず、新公式問題集四冊を使ってそれぞれの発音の特徴に慣れることです。**

アメリカ人とカナダ人の発音は似ています。また、イギリス人とオーストラリア人の発音も似ています。ETSの担当者の事前説明によれば、ナレータにはなまりのひどい人は使わないとのことでしたので神経質になる必要はないでしょう。対策をするにしても、二種類（アメリカ系とイギリス系）の発音に慣れれば十分で、四種類もの対策が必要なわけではありません。

仮に、なんらかの対策が必要だとすれば、ふだん耳にする機会が相対的に少ないイギリス系の発音対策ということになるわけですが、それも新公式問題集四冊八回分の模試を使って行う、というのでいいと思います。

41 自分の弱点を把握する

私の教室で生徒のみなさんから、リスニングのどこが弱いかについて、相談を受けると、点数にかかわらず、多くの人が、「パート4が弱い、苦手だ」と言います。しかし、冷静に分析してみると、実はそうでない場合が多いのです。パート3ができればパート4はできます。なぜなら、パート3もパート4も設問と選択肢の先読みをすることができれば、点数はアップしますが、その手法は同じなのです。また、設問と選択肢の先読みさえできていれば、パート4は常識で判断できる問題も多く、内容的に難しいわけではないのです。たまに「パート3ができるのにパート4ができない」という人がいますが、多くは、英文が長くなると聞けない、というタイプの人です。英会話は習っていたけど、長めの英文を聞き慣れていない、という人が多いですが、そういう人は長めの英文を聞く練習をするといいでしょう。

新公式問題集で練習をする場合は、自分がどこで間違えているか、どこで点を落としているかを、必ず確認、分析するようにしましょう。

42 リスニングが苦手な人は何度も繰り返し聞く

リスニングが苦手な人、どうしても英文が聞き取れない人は、とにかく、**自分が聞き取れない箇所を何度も繰り返し聞いてください。** リスニングの苦手な原因は、リエゾン（語末の子音が次の語の語頭の母音と連結して発音されること）に慣れていない、単語を知らない、音を理解していない、速くなると聞けないなど、いろいろ考えられ、多くの場合はそれらが組み合わさっています。最初は鍵となる単語だけを聞き取る練習をしてください。英文を最初から正確に理解しようとする必要はありません。最初は聞き取れた語だけをもとに、自分でこういうストーリーではないかと、話を作ってしまってもいいでしょう。こうして、繰り返し聞き取りを重ねていると、次第に慣れてきて、聞き取れるようになってきます。

五〇〇点以下の人でよくあるのが、パート2での where と when の聞き間違いです。パート2は最初の疑問詞を取り間違えると致命的です。そのようなミスが心配な人は、where と when で始まる問題だけを拾い、繰り返し聞く練習をしましょう。それを繰り返しているうちに、しだいに聞き分けられるようになってきます。

また、単語を、スペリングでは知っていても、正確な音を知らなければ、リスニングセクションの制覇はできません。たとえば、M&Aというビジネス文脈で頻出する語は、この字面と「エム・アンド・エー」という音で理解している人は多いと思います。しかし、これがmerger and acquisitionの略であること、さらにmergerとacquisitionの「音」をおさえておかないと、トリック問題に使われたときに対応できないことになってしまいます。merger（合併）とacquisition（買収）は正確には意味が異なるため、TOEICでは、mergerとacquisitionは別々に出ることが多いのです。また、音を使ったトリックに引っかからないためにも、知っているつもりの単語も、繰り返し音を聞いて音を正確に覚えておく必要があります。

43 リスニングセクションの攻略はパート3から

パート1は比較的簡単な問題が多く、問題数も一〇問しかありません。また、パート4はパート3ができるようになればある程度は解けるようになります。TOEICのリスニングセクションに関しては、まずは、**パート3、次にパート2を重点的に勉強するのが効率的です。**パート3は設問と選択肢の先読みの練習が、パート2はこつやトリックがあるのでそれを理解することが必要です。

44 ディレクションは先読みに

リスニングセクションでは、ディレクション（問題の説明・指示）をじっと聞いている必要はありません。これらは、新公式問題集を使って、あらかじめ頭に入れておきます。**ディレクションの時間を別のことに使いましょう。**

パート1とパート2のディレクションの間に自分がやるべきことをあらかじめ決めておきます。個人的には、パート3の設問と選択肢の先読みがおすすめです。先に読んでおいても、実際にパート3に移ったときには忘れてしまっていて、結局意味がないのではないか、と思われる方もいるかもしれません。何も全文を暗記するように読む必要はないのです。少しでも先読みし、設問や選択肢のキーワードだけでも拾っておけば、あとになって印象に残る分が違ってきます。さらに、だいたい何問目くらいから設問が長くなるのかを先に見ておけば、急に長い設問になってあわててしまうことがないため、心理的にも効果があります。

最近パート３での先読みをしなければならない英文の量が増えています。設問・選択肢ともに先読みしなければならないため、パート３に割り当てられた時間内だけでは処理できません。また、パート３で先読みのリズムをくずさなければ、パート４もうまくいくので、パート３でどのくらい上手に先読みのリズムが作れるかが重要で、それで、リスニングセクションの点数が決まります。

45 先読みのリズムをくずさない

新ＴＯＥＩＣのパート３とパート４は、一題分（三問）の設問と選択肢すべてを先読みしなければなりません。この先読み作業には集中力が必要になります。そして、先読みの練習はスピード感、時間感覚を身につけられるかどうかが重要になります。

パート3とパート4で、問題数は合計六〇問もあります。これだけの問題数を正確にこなすには、**先読みのリズムをくずさない練習をふだんからしておくことが肝心です。**リズムがくずれそうになったら、そのときは、つまずいた問題にこだわらずにとばしてしまうなど、一、二問思い切って落とすくらいの勇気が必要です。

パート1対策

〈パート1とは？〉

・TOEICリスニングセクションのパート1とは、写真を見て答える「写真描写問題」です。全部で一〇問あります。

・日常生活で使う簡単な英語の表現を理解できるかどうかが問われる問題です。

・パート1は、トリックの対策もポイントになります。

46 パート1は新公式問題集を使って徹底的に

パート1の写真問題は、新公式問題集と同じようなシチュエーションの写真が繰り返し出題されます。パート1の対策には、新公式問題集を使いましょう。四冊を合わせて利用すれば、合計八回分の模試があります。対策は新公式問題集のみで十分ですので、ほかの問題集に手を広げずに、新公式問題集を徹底的に練習しましょう。

最近、パート1で使われる単語が難しくなっています。写真自体は今まで使われていたものと似ていますが、「get out of the bus」→「exit the bus」、「they are shaking hands」→「they are greeting」などと使われる単語や表現に変化が見られます。その意味では、単語力を強化する必要はありますが、パート1は全部で一〇問しかないのでさほど神経質になることもないでしょう。

47 パート１もトリック対策を

パート１にもトリックがあります。日本人受験者が苦手なトリックには、二タイプあります。一つは、写真でたとえば、くだものかごのように真ん中に大きく写っているものがあり、つい中に入っているくだものやくだものかごに関する選択肢を選びがちですが、実際には、そのそばに数枚重ねられているお皿に関する英文「plates are stacked（お皿が積み重ねられている）」が、正解だったりします。写真の真ん中に写っている目立つものが、必ずしも正解にはならない、ということを覚えておく必要があります。

もう一つは、中盤以降に出題される、選択肢のどれもがぴったりの正解に思えないタイプや、どちらが正解かまぎらわしい英文が選択肢に意図的に入れられているような問題です。このように、パート１で出題されるものには、いくつかパターンがありますので、新公式問題集、特に、最近出版されたＶｏｌ．４を使って、そのパターンをマスターしてください。

日本で行われる主要な語学テストには、このような微妙な違いを問われるタイプのものがあまりなく、正解としてぴったりのものを選ぶテストがほとんどです。そのため、このタイプの問題に出くわすと、うまく処理できなくて、あがったりあせったりしてしまい、残りの問題にも影響が出てしまう人が少なくないようです。これでは、出題者側の思うつぼです。まさに、この種の問題は、こうした受験者のあせりをねらって作成されている場合が多いのです。このことをあらかじめ知って、心理的に備えておくだけでもずいぶん結果は違ってきます。

Part.1 パート1はトリックに注意

PART 1

Directions: For each question in this

パート1で出題される典型的な写真です。ふつう、このような写真を見ると「電話」がとびこんでくるため、「電話」が入った選択肢を無条件に選びがちですが、実際は、「電話」が入った選択肢の動詞は「電話を切る」になっていたりします。正解の選択肢は、「女性は眼鏡をかけている」という主旨の文章だったり、または、「女性は2つのことをしている」といった主旨の文章だったりします。これがパート1の典型的なトリックの1例です。

パート2対策

〈パート2とは？〉

・TOEICリスニングセクションのパート2とは、相手の発言を聞いて適切な応答を選ぶ「応答問題」です。全部で三〇問あります。

・日常生活や仕事上の簡単な質問に対して、適切な答え方を理解できるかどうかが問われる問題です。

・会話が自然に流れるものを選ぶのが基本です。

48 パート2は新公式問題集を使って徹底的に

パート2の対策は、新公式問題集だけで十分です。新公式問題集のみを徹底的に聞き込んでください。新公式問題集四冊を利用すれば、合計八回分の模試があります。ほかのリスニング教材・問題集に手を広げずに、これらを徹底的に練習しましょう。

49 新公式問題集のパート2を丸覚えするくらい聞き込む

新公式問題集のパート2を丸覚えするくらいに聞き込むことをおすすめします。まず一度目は、問題をすべて解いた後に、知らない単語・表現、聞き取れなかった音・リエゾン（音の連結）などをていねいにチェックし、知らなかった単語・表現は全部覚えます。TOEICでは、**新公式問題集に出てきたのと同じパターンの問題が繰り返し出題されることが多い**ので、それぞれのパターンや、それぞれの設問に対する答え方のくせを徹底的にチェックしておく必要があります。評判のいい問題集でも本番のテスト内容とのずれは必ずあるものですが、新公式問題集は、実際にETSによって作られているので本番のテストとかなり似ています。「出題パターンは毎回ほぼ同じで、ストーリーが変わるだけ」と考えるといいでしょう。

自分の知らなかった単語・表現をていねいにチェックしたら、英文、問題、設問のすべてを覚えてしまうくらいに、何度も何度も繰り返し聞くことです。私の教室の生徒さんには、iPodなどの携帯音楽プレーヤーにリスニングセクションを録音し、往復の通勤時間に聞き込んでいる人もたくさんいます。一、二回聞いても音のパターンは覚えきれません。一〇回以上は聞くようにしてください。

一度目、そして二度目の、問題を解いて出題のパターンや答え方のくせや未知の語句をていねいにチェックしながら確認するといった作業は自宅で集中して行う必要がありますが、三度目以降に聞き込むのは通勤時間などを利用するのでいいと思います。ただ聞くだけでなく、新公式問題集に掲載されているトランスクリプトを縮小コピーして持ち歩けば、聞き取れなかった音やリエゾンや知らなかった単語などのチェックをその場ですることができるので、より効果的です。また、そうすることで、リスニングに慣れていない人は、英文を聞くためのこつも身につけることができます。

50 パート2はトリック問題の攻略が必須

パート2はトリック問題の攻略が必須となります。私も、かつては、よくトリック問題に引っかかっていました（ちなみに、私が受けていたのはＴＯＥＦＬで、ＴＯＥＩＣではありませんでしたが、ＴＯＥＦＬはＴＯＥＩＣの上級版といった内容ですし、しかもその頃のＴＯＥＦＬにはＴＯＥＩＣのパート２と同じようなパートがあったのです）。問題の性質上、パート２がもっともトリックを入れやすいせいか、パート２にはトリック問題が多く含まれています。

高得点をねらうのであれば、パート２で使われているトリックのパターンを知っておかなくてはなりません。TOEIC問題を作成しているETSにはスタッフに心理学者がいて、問題の作成にも関与しています。つまり、純粋な英語力の有無だけでは引っかかってしまうような、意地悪な問題が混じっているということになります。

私も最初の頃はトリック問題の存在が見抜けず、さんざん苦労させられましたが、アメリカの予備校で学んだときに、TOEFLのトリックの存在を知り、それをマスターすることにより、一気に点数が上がりました。

51 パート2にはパターンがある

パート2では、5W1Hなどの疑問詞で始まる疑問文の問題、「選択問題」（複数の要素からどちらが正しいか、適切か、あてはまるかを選ばせる）、提案の表現に関する問題、同じ音を使ったトリック問題といった具合に、問題にいくつかパターンがあります（具体的なパターンについては、市販のリスニング教材なども参照してください）。どのパターンの問題なのかを把握するため、**色違いのラインマーカーを数本用意し、トランスクリプトのコピーに、問題の種類ごとに色分けをしましょう。**

たとえば、パート２では、単語のトリックに関わる問題も多く出題されます。選択肢に同じ単語、発音の似た単語を使って引っかけてくるタイプのものです。その手の問題では、「同じ単語、似た音の単語が入っている選択肢は正答としては選ばない」が原則です。こうした単語のトリックの問題も含め、それらを同じ色でマーキングしておくと、後で見返したときに、どのようなパターンがどのように出題されているのかが、視覚的に把握しやすくなり、問題作成者の意図が見えてきます。つまり、出題パターンが見えてくる、出題パターンを見抜ける、ことになるのです。

52 パート2は会話が自然に流れるものが答え

パート2では会話が自然に流れるものが答えです。特に、付加疑問文の会話や、平叙文の会話に答えるものは、「会話が自然に流れるものを選ぶ」という感覚が重要です。

たとえば、「この手紙、誰か投函してくれる？」という問いかけに対し、日本のテスト感覚では、「誰」にひかれて、「トムが」とか「スーザンが」といった直接的な答えを期待しますが、TOEICの場合、「ちょっと待って。この仕事が終わったらね」というような英文が答えだったりします。少し間接的ではありますが、日常会話ではこのようなやりとりがよく聞かれます。新公式問題集のパート2の問題を解きながら、この「会話が自然に流れる」という感覚に慣れてください。最近は、「会話が自然に流れる」ものを選ぶ傾向がさらに極端になったタイプの問題が、特に後半で増えています。

たとえば「週末何をしますか？」という問いに対し、正解が「仕事のスケジュールによります」だとして、日本のテストにしか慣れていない場合、この正解の選択肢を間違いの選択肢として処理しかねません。「会話が自然に流れるもの」を聞き分ける練習教材としては、新公式問題集に匹敵《ひってき》するものはありません。

パート3対策

〈パート3とは？〉

・TOEICリスニングセクションのパート3とは、会話のやりとりを聞いて内容に関する設問に答える「会話問題」です。全部で三〇問あります。

・日常生活や仕事の会話の内容を理解できるかどうかが問われる問題です。

・「短い会話（Short Conversations）」とありますが、少し長めのものが増えています。

・設問と選択肢の先読みが攻略のポイントになります。

53 リスニングの得点アップの鍵はパート３

ＴＯＥＩＣのリスニングではパート３が鍵になります。 このパート３でどれだけ点数をかせげるかが全体の得点に直結すると言えます。

パート３とパート４は、基本的には解き方は同じです。パート４は説明文なので、ストーリーに一貫性があるため、設問と選択肢の先読みさえできれば対処しやすいのです。一方、パート３は、会話文のため、会話の話題が次にどことぶのかが想像しにくく、パート４に比べると難しいのです。パート３ができればパート４はできます。時間のない人は、パート３の練習に多くの時間を割くようにしましょう。

54 パート３もまずは新公式問題集から

パート３についても新公式問題集から始めましょう。 新公式問題集を使って、設問と選択肢の先読みのタイミングを徹底的に練習する必要があります。

最近、中盤以降の読み上げのスピードが速くなっているので、テストの一週間くらい前になったら、新公式問題集の読み上げスピードを一・三倍速にして練習するのも効果的だとは思いますが、新公式問題集Ｖｏｌ．３やＶｏｌ．４は、新公式問題集Ｖｏｌ．１やＶｏｌ．２に比べ、すでに速いスピードで読み上げられているので、あえて一・三倍速にして練習をする必要はないでしょう。

55 パート3は三問先読みする

パート3は設問と選択肢、両方の先読みが重要です。**パート3は設問と選択肢を一題分、三問分ずつ先読みします。**

まず、ディレクションが流れている間に41、42、43の設問と選択肢のすべてを先読みします。次に、会話文が流れている間に、同時に三問分の正答をマー

Part.3 パート3は先読みで解く

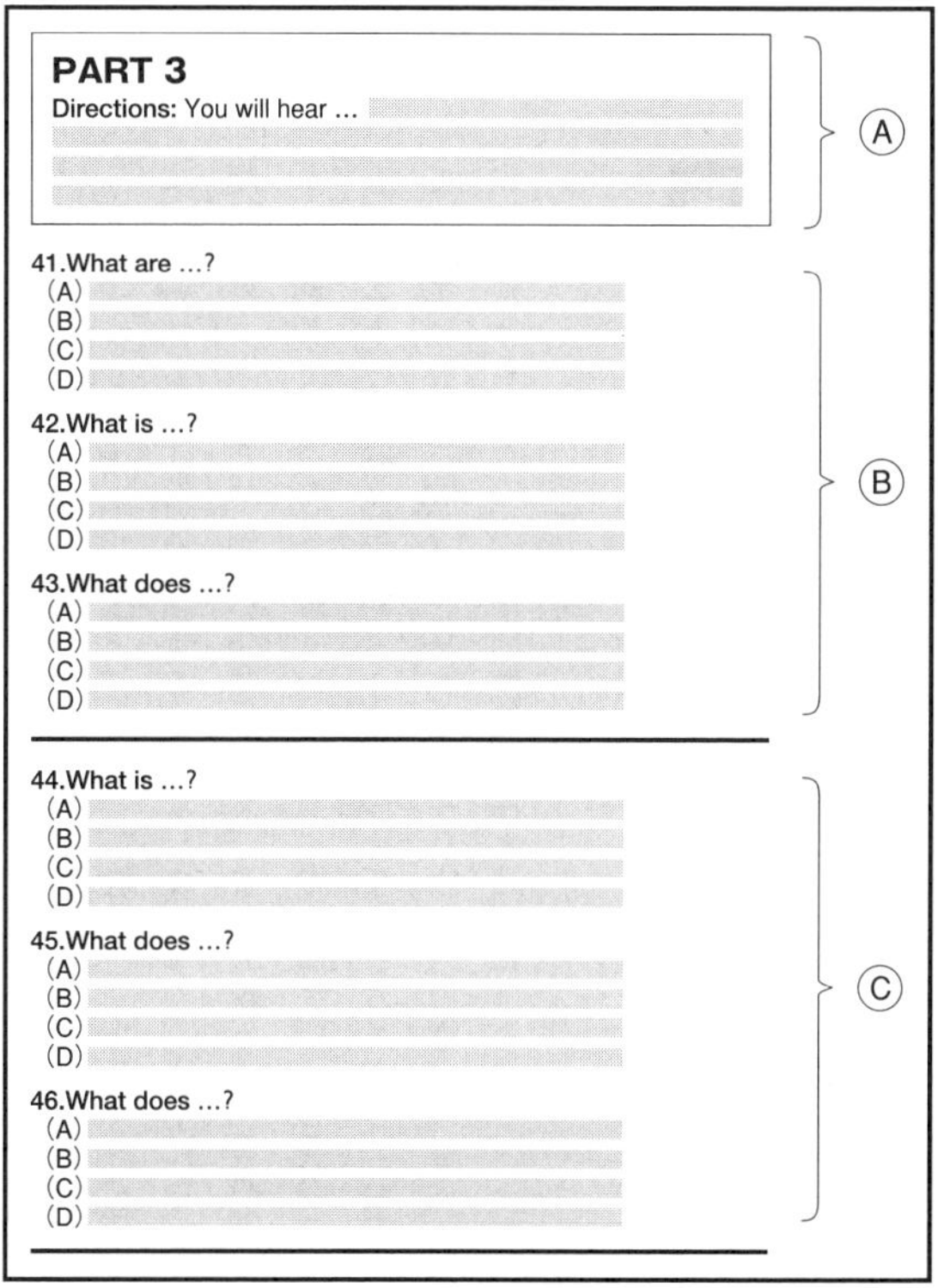
PART 3
Directions: You will hear ...
41.What are ...?
(A)
(B)
(C)
(D)
42.What is ...?
(A)
(B)
(C)
(D)
43.What does ...?
(A)
(B)
(C)
(D)
44.What is ...?
(A)
(B)
(C)
(D)
45.What does ...?
(A)
(B)
(C)
(D)
46.What does ...?
(A)
(B)
(C)
(D)
Ⓐ
Ⓑ
Ⓒ

Aのディレクション（問題の説明文）が読まれている間に、Bの設問と選択肢を先読みします。Bの解答はBの会話文が流れている間に済ませます。Bの設問が読まれている間に、Cの設問と選択肢を先読みします。Cの解答はCの会話文が流れている間に済ませます。

パート3はこの先読み繰り返しのリズムをつかむのが重要になります。

クします。そして、設問が読まれている間に、次の三問、つまり44、45、46の設問と選択肢の先読みをします。このプロセスを繰り返します。

リーディング力に自信のない方で三問すべての先読みが困難だ、という方は、せめて二問は先読みをするようにしましょう。後半になると、少しひねった問題や一人の会話が長い問題が増え、また先読みすべき設問や選択肢も長いものが増えてくるので、解くのが大変になります。この先読みをしていかないと、読み上げられる英語のペースについていけなくなり、時間が足りなくなって、後半で五、六問、まとめて落とすことになりかねません。一題分三問ずつ先読みをすることで、後半の問題を落とさずにすみます。

56 「先読みのリズムをくずさないこと」が大事

パート3でリズムをくずさずに設問と選択肢を一題ずつきちんと先読みをすることができれば、パート4での先読みもうまくいきます。逆にパート3で先読みのリズムをくずしてしまうとパート４でうまくいかない場合が多いです。

リスニングセクションで大幅に点数を上げようと思えば「先読みのリズムをくずさない」ことがきわめて重要です。リズムをくずしそうになったら、思い切って一～二問捨てて（適当にマークして）もいいでしょう。パート３とパート４合わせて六〇問の出来具合が、パート３の先読みにかかっているということになります。

57　パート３は三問中二問を確実に取るつもりで

パート３の前半の一五問は簡単な問題が多いようです。前項にも書いたように、後半の一五問になると、ビジネスに特化した会話が増えたり、一人の会話が長くなったりするので、難しくなります。難しい文章や長い設問で先読みが間に合わなければ、それはとばして、短い設問だけ確実に取るようにしましょう。一問目の設問は「何について話していますか？」とか、「彼らはどこにいますか?」などのような会話の半分くらいか、もっと長く聞かないと解けない問題が多いので人によっては難しく感じる人もいます。そのような人は「next week に何をしているか?」などのような二問目に多いタイプの設問は、具体的な問題は一か所聞き取れればわかりますので、そちらを優先しましょう。一問目によく出るタイプの質問は、会話を長めに聞かなければならないことが多い反面、会話中にヒントが数回出てくるので一か所を聞き逃しても答えられるという利点もあり、人によっては二問目のタイプの設問より簡単だということもあります。いずれにせよ**三つのうち二つ正解するくらいの気持ちで解く**ほうが、全部をねらってあせるよりも結果的にはいいことが多いのです。

パート４対策

〈パート４とは？〉

・TOEICリスニングセクションのパート４とは、説明文を聞いて内容に関する設問に答える「説明文問題」です。全部で三〇問あります。

・アナウンスメントやニュースの内容を聞いて、細部まできちんと理解できているかどうかが問われる問題です。

・「短いトーク（Short Talks）」とありますが、最近は少し長くなっています。

・問題文の先読みが攻略のポイントになります。

58 パート４も新公式問題集から

まずは、**新公式問題集で練習をします。**新公式問題集を使って先読みのタイミングをつかむ練習をしましょう。パート3の先読み練習が即パート4の先読み練習にもなりますので、時間がなければパート4については少し手抜きをしてもかまいません。その分、時間をパート3の練習に回してください。

59 パート４対策は手抜きしてもよい

前項にも書いたように、パート4の対策については手抜きをしてかまいません。理由はいくつかありますが、**パート3ができるようになればパート4はできます。**練習方法はパート3とまったく同じですが、一人が読み上げるので、会話と違って、ストーリーに一貫性があり、その意味ではパート3より簡単です。

もちろん、なかには、パート3はできるけど、パート4は苦手、できないという人もいるにはいます。そういう人は、長い英文を聞くのが苦手な人のようです。少し長めの英文を聞く練習をするといいでしょう。

60 パート4も三問分ずつ先読みをする

パート4もパート3同様、設問と選択肢の両方の先読みが鍵になります。

まず、ディレクションが流れている間に71、72、73の設問と選択肢のすべてを先読みします。次に、説明文が流れている間に三問分の正答をマークします。そして、設問が読まれている間に、次の三問、つまり74、75、76の設問と選択肢の先読みをします。このプロセスを繰り返します。

パート4は、パート3に比べるとストーリーに一貫性があるので、部分的に聞き取れさえすれば解ける問題も多く、パート3よりも簡単です。

61 パート4に出るストーリーには傾向がある

パート4にはよく出るストーリーがあります。パート4はパート3に比べてこの傾向が顕著なので、よく出るストーリーを頭に入れておくことが英文を聞く際の参考になります。それぞれのストーリーごとに「よく出る設問」もあります。新公式問題集四冊八回分の模試も参考になりますが、評判のいい市販の本のパート4の問題の「日本語訳」と設問の「日本語訳部分」を書店で立ち読みをするのもいいでしょう。

お昼休みなどの空き時間を使って書店に数回出向き、数冊分に目を通しておくと効果はあると思います。

Part.4 パート4も先読みで解く

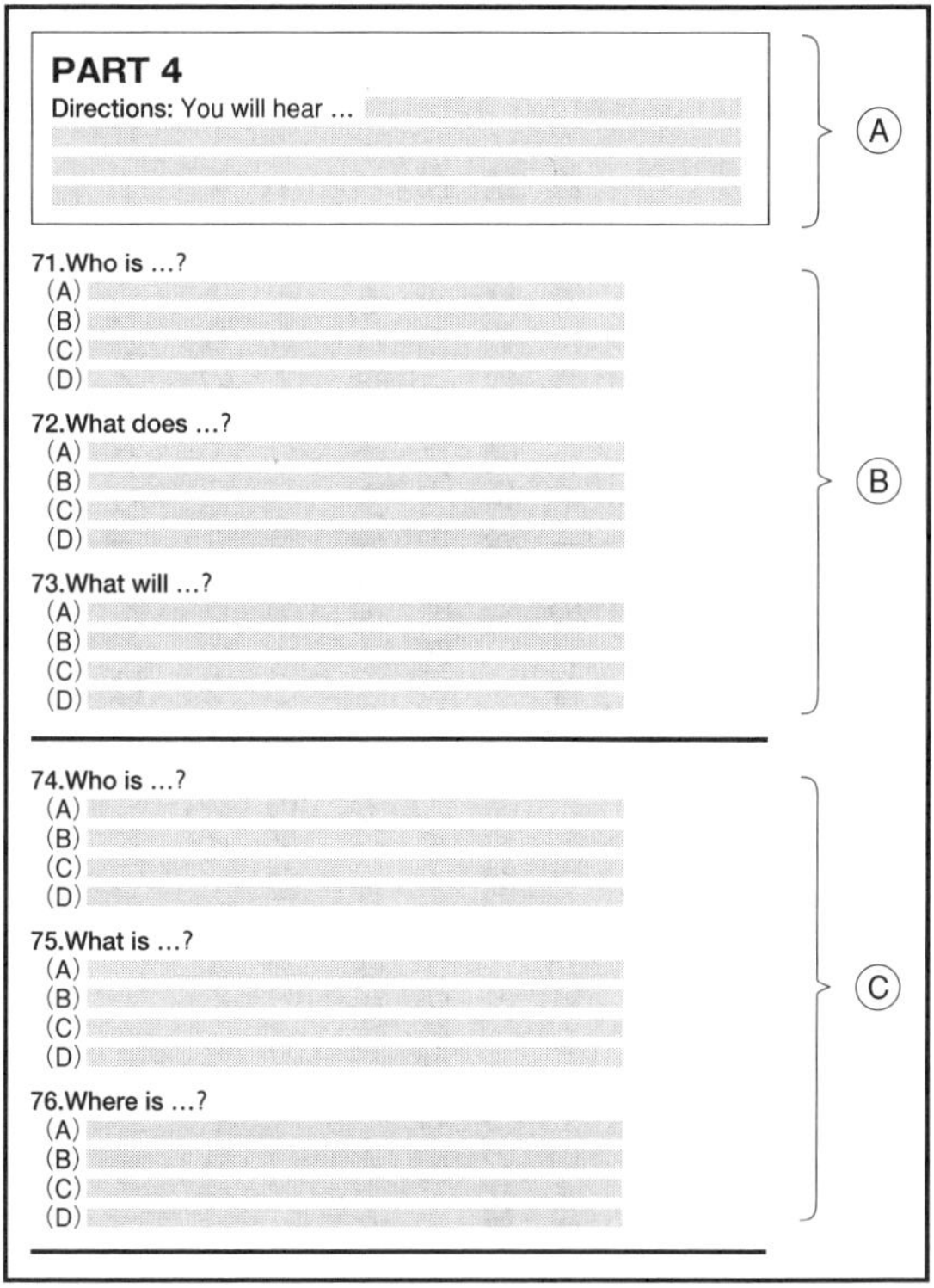
PART 4
Directions: You will hear ...
71.Who is ...?
(A)
(B)
(C)
(D)
72.What does ...?
(A)
(B)
(C)
(D)
73.What will ...?
(A)
(B)
(C)
(D)
74.Who is ...?
(A)
(B)
(C)
(D)
75.What is ...?
(A)
(B)
(C)
(D)
76.Where is ...?
(A)
(B)
(C)
(D)
Ⓐ
Ⓑ
Ⓒ

Aのディレクション（問題の説明文）が読まれている間に、Bの設問と選択肢を先読みします。Bの解答はBの説明文が流れている間に済ませます。Bの設問が読まれている間に、Cの設問と選択肢を先読みします。Cの解答はCの説明文が流れている間に済ませます。

パート4はこの先読み繰り返しのリズムをつかむのが重要になります。

リーディングセクション共通対策

〈リーディングセクションとは？〉

・TOEICのリーディングセクションは、時間にして七五分、三つのパートに分かれており、合計で一〇〇問の問題があります。

・パート5は短文の空欄を埋める「短文穴埋め問題」、パート6は長文の空欄を埋める「長文穴埋め問題」、パート7は「読解問題」で一つの文書を読んで複数の設問に答える「一つの文書問題」と、二つの文書を読んで複数の設問に答える「二つの文書問題」の二つからなっています。

・パート5の文法問題では品詞問題の攻略がポイントになります。

62 リーディングは速読力がポイント

最近のTOEICでは、**リーディングパートは全体的に長文化しています。**これまで以上に、とにかく**速読力やスキミング（大まかな情報を取る読み方）、スキャニング（必要な情報を探す読み方）などの力が重要になります。**新公式問題集を活用し、さらにふだんからビジネス系の英文に目を通してビジネス単語を覚え、語彙に引っかからずに英文をすばやく読み進めていく練習や情報を取る読み方の練習をしてください。

63 リーディングは時間配分がポイント

配分時間内に各パートを終わらせられるように、ふだんから意識して問題を解くようにしましょう。点数が低い方に特に言えることですが、リーディングセクションの前半で時間を使いすぎ、そのままずるずると解いていって、結局最後に問題を残してしまい、結果として点数も上がらない、というケースがよくあるようです。各パートの解き方が多少粗くなってしまい、一つ一つをていねいに解けなくてもかまいません。まずは、**配分時間内に終えること、これが当面の目標です。**一問何秒ではなく、一つのパートを何分でという解き方をするようにしましょう。

パート5は一五分で、パート6が六分で解けるようにふだんから練習しておきましょう。パート7は、「一つの文書問題」を一題平均三・五分、「二つの文書問題」を一題平均五分で解きましょう。ただし、「一つの文書問題」は前半と後半で読ませる英文の量も設問数も大きく異なるので、問題によって時間配分は変えてください。

64 パート5→6→7の順番で解くのがおすすめ

問題を解く順番について質問を受けることがあります。パート5とパート6

はきちんと対策していないとできないため、パート7が点数を取りやすいという印象があるせいか、パート7→パート5→パート6の順で解く人がけっこういるようです。

現在の点数が低い人、たとえば、三〇〇点から五〇〇点に上げるのが目標という方の場合には、このように順序を入れ替えて、パート7→パート5→パート6の順番で解くのも一つの手かと思います。しかし、七〇〇点以上を目指す場合は、**本来の順番どおり、パート5→パート6→パート7の順番で解くほうがいい**、というのが私の持論です。人それぞれのやり方があるでしょうし、向き不向きもあるかと思いますので、これは絶対にこうしなくてはならない、ということではありません。あくまでも私のおすすめです。

最近のTOEICは読ませる量が全体にかなり増えています。パート7から先に解く場合、もしもパート7に難しい問題があった場合、人間の心理として、「あと少しぐらいは、ここ（パート7）に時間をかけてもいいだろう」と、ずるずると時間をかけてしまう場合が多いのではないかと思います。時間オーバーのままでパート5→パート6に入ることになった場合、おそらくパート6

るでしょう。

を適当に塗りつぶして終わりという結果となり、高得点をねらうのは難しくなるでしょう。

本来の順番どおりに解いていき、それぞれのパートでの時間配分の管理をしっかりします。パート単位の時間配分を守ることが重要ですので、各パート内ではじっくり考えて、ていねいに解かなくてもかまいません。とにかく時間内に各パートを終えて、最後まで終わらせる、問題を残さない、というふうにしなければ高得点、特に八〇〇点以上をねらうのは難しくなります。

ただ、例外もあります。大量の英文を短時間で読む力のある人のなかにはパート7から解くという人もけっこういるようで、その順番で成果もあげているようです。たとえば、仕事で日頃から山のような英文資料を読んでいるので速読や情報を取る読み方には自信があるビジネスマンといった人たちです。このように、非常に速く、かつ正確に英文を読めるような人であれば、配分時間内にパート7を終了できるでしょうから、解く順番を入れ替えても特に問題はないでしょう。

とにかく、**基本は、パート5↓パート6↓パート7の順番を守り、パート5**

とパート６を配分時間内に終えられるようしっかりと勉強しておく、につきます。速読力のない人でパート７から解き始めるという人には、自分に合った順番を模索しているというよりは、むしろ、パート５とパート６を勉強するのが面倒だから逃げているだけ、という人も少なからずいるようです。大幅な点数アップをねらう場合には、パート５、パート６、パート７、すべてのパートで点数を取らなければならないのです。逃げているパートがあるようでは、大幅な点数アップはねらえません。

65 難問・奇問は出ない

ＴＯＥＩＣには、難関大学の入試のような難問が出るわけではありません。むしろ、**頻出問題は基本的で簡単な問題が多いのです。**しかし、そういう基本的な問題の出題は多くはないと勘違いをしている人も多いです。英語力がある程度ある人は数回受けると「簡単な問題ばかりだ」ということに気づくのですが、六〇〇点以下の人のなかには気づいていない人が多く、市販の問題集から難しい問題ばかりを選んで解いている人がけっこういるようです。「TOEICは難しい」というイメージが一人歩きしているせいか、簡単な頻出問題が見逃されがちです。TOEICの文法問題は日本の大学入試より簡単です。先入観にとらわれず、意識を変えて、TOEICに合った対策をするようにしましょう。

66 日頃から英文に対する勘を養っておく

英文に対する「勘」を養いましょう。日頃から多くの英文、特にビジネス系の英文に頻繁にふれていると、それらを読む勘が自然に養われます。すると自分では知らないと思っていた単語が問われている語彙問題でも、類推《るいすい》できたり、消去法で答えられたり、日頃つちかった「勘」で正解できることがあります。「勘で解く」は、特に語彙問題やコロケーション問題で効力を発揮します。

67 情報処理能力が問われるテストでもある

ＴＯＥＩＣのリーディングセクションは、英語が理解できているかどうかの単純な読解力を問うものではありません。大量の英文を短時間に読み必要な情報を取り出す、まさに「情報処理能力」が求められているテストでもあるということを意識して学習してください。

パート７の読解問題の「一つの文書問題」の後半や、「二つの文書問題」、特に表問題などでこの傾向が顕著です。

パート5・パート6共通対策

68 パート5とパート6で出題される問題のタイプをおさえる

パート5とパート6には、大きくわけて、語彙の力を問う「語彙問題」と、文法の理解を問う「文法問題」とがあります。「語彙問題」には熟語やコロケーションに関するものも含まれます（本書では以降「語彙問題」とした場合、熟語問題も含めます）。「文法問題」には品詞に関わる「品詞問題」など、他にもさらにいくつかのパターンがあります。

語彙問題なのか文法問題なのかの見分け方ですが、まず先に選択肢を見ます。

Part.5&6 パート5&6で出題される問題のタイプ

以下に、パート5とパート6で出題される「語彙問題」「文法問題」のタイプの例を挙げてみます。

もちろん、これがすべてではありませんが、問題集に取り組む際には、これらを参考にして、問題のタイプをおさえるようにしてください。

やみくもに解くのではなく、どんな問題が、どれだけ出題されているのか、自分ができているのがどれで、できないのは、苦手なのはどれなのかを、的確に把握することが、パート5とパート6の対策では重要になります。

【語彙問題】

All employees are (　) to participate in a cafeteria plan, which will start from next year.

(A)eligible (B)interested (C)favorable (D)substantial

正解は (A)

【品詞問題 (副詞)】

The annual US inflation rate for the whole year is (　) stable at between 3 to 3.5 percent.

(A)near (B)nearness (C)nearly (D)nearest

正解は (C)

【代名詞の問題】

The responsibility was assigned to (　) with the order that the work be completed in six months.

(A)himself (B)his (C)him (D)he

正解は (C)

・選択肢に一見ばらばらな単語が並んでいる場合→語彙問題の可能性が高い。

・選択肢に似た形の語が並んでいる場合→品詞問題、または、分詞の問題、動詞の形を問う問題などの動詞関連問題の可能性が高い。少しマイナーなものとしては、似通った語彙の問題などもあります。

このほか、関係代名詞の問題、代名詞の問題、接続詞の問題、前置詞の問題など、いろいろあります。これらの問題については、選択肢を見れば判断できるでしょう。何の問題か判断ができないという人は、新公式問題集四冊八回分の模試の文法問題を二、三回繰り返してください。そうすれば、だんだんわかるようになります。

このようにして出題のタイプを見分け、それぞれ、自分の得意不得意などをおさえたうえで適切な対策をすることが重要です。

69 パート5とパート6は品詞を攻略

パート5では、品詞関連の問題だけで五〜六問出題されます。パート6も合わせると、一〇問近く出題されることもめずらしくありません。また、パート5とパート6では、語彙問題が全体の半分以上を占めることも多くあります。

単語力のない人にとって、語彙問題で得点するのは大変なので、**品詞問題を確実に攻略するのがもっとも効率のいい得点方法になります**。まずは、品詞問題の対策から始めましょう。

70 品詞問題は特に副詞関連に注意

品詞問題のなかで、学習者がもっとも間違いやすいのが副詞の問題です。そのせいか、副詞の問題は多く出題されますので、**品詞のなかでも特に副詞関連問題の練習をしておきましょう**。「副詞は主に、動詞・形容詞・ほかの副詞・

副詞句・文全体を修飾する」と覚えておきましょう。

71 動詞関連の問題は点数のかせぎどころ

語彙の問題に比べると、適切な動詞の形を選ばせる問題や態を問う問題などのような動詞関連の問題は簡単です。「えっ」と思うような簡単な問題も多いです。簡単すぎて、動詞問題で確実に点を取ることの重要さに気がつかない人も多いので、動詞の問題に慣れておきましょう。

典型的な品詞問題に比べると出題数は減りますが、それでもパート5とパート6を合わせると、毎回五問前後出題されます。

72 熟語問題はふだんからの慣れがポイント

熟語やコロケーションを問う問題はパート5とパート6を合わせると毎回五問以上出題されていますが、出題されるのは、頻繁に使われている表現が多いです。日頃から英文を聞いたり読んだりする際に、頻繁に出てくる表現は必ず覚えるようにしましょう。

熟語の問題は、その熟語を知らなくても、選択肢の品詞で考えていくと解ける場合もあります。また、語彙問題に比べると、熟語の問題は、同じような熟語が繰り返し出題されるため、あたりがつけやすいということもあります。何度か繰り返し受けている人は、どのような熟語やコロケーションが出ているか、頭の隅でいいので、受験のたびに覚えておく努力をしましょう。

パート5対策

〈パート5とは？〉

・TOEICリーディングセクションのパート5とは、短文の空欄を埋める「短文穴埋め問題」です。全部で四〇問あります。

・基本的な文法や仕事や日常生活で頻繁に使われる語彙や熟語を知っているかどうかが問われる問題です。

・語彙力を問われる「語彙問題」が約半分を占め、残りの半分を品詞の使い分けなどが問われる「文法問題」が占めています。

73 時間配分に注意する

パート５は、全部で四〇問と問題数の多いパートですが、一つ一つの問題はそれほど時間のかかるものではありません。短時間で解く練習をふだんから積んでおき、**パート５全部を一五分で終えるようにしましょう**。最後のパート７で一〇問以上問題を残さないためにはパート５にかけられる時間は最大一五分です。ふだんの学習時から常にそのことを意識しておいてください。

74 パート５は新公式問題集で出題傾向を分析する

パート５には、頻出する問題があります。パート５の文法問題については、**新公式問題集を使って出題傾向を分析することが重要になります**。新公式問題集四冊八回分の模試を徹底的に分析し、よく出る問題とそうでない問題を見分け、よく出る問題にはどのようなタイプのものがあるかをおさえましょう。

新公式問題集の分析をしないで、どのような問題を解けばいいかもわからないままに、むやみに量をこなしたり、また、次々に問題集を変えて解いたりするのは得策ではありません。出題される可能性の低い問題や出題されない難しい問題を多く解くことになって、ポイントがずれてしまい、むしろ逆効果になります。

75 頻出問題をおさえて問題集&ノートを作る

頻出問題がどういうものかが新公式問題集の分析でわかってきたら、答えに書かれた小見出しや「これは……の問題です」といった解説の文章からあたりをつけて、評判のいい問題集から同じ系統の問題を拾い、自分流の問題集やノートを作り、それを使って練習するのが効果的です。

まず、分析結果に基づいて、市販の問題集などから頻出問題を集めます。それらをコピーするか、本であれば解体もできます。本は、背の部分に軽くアイ

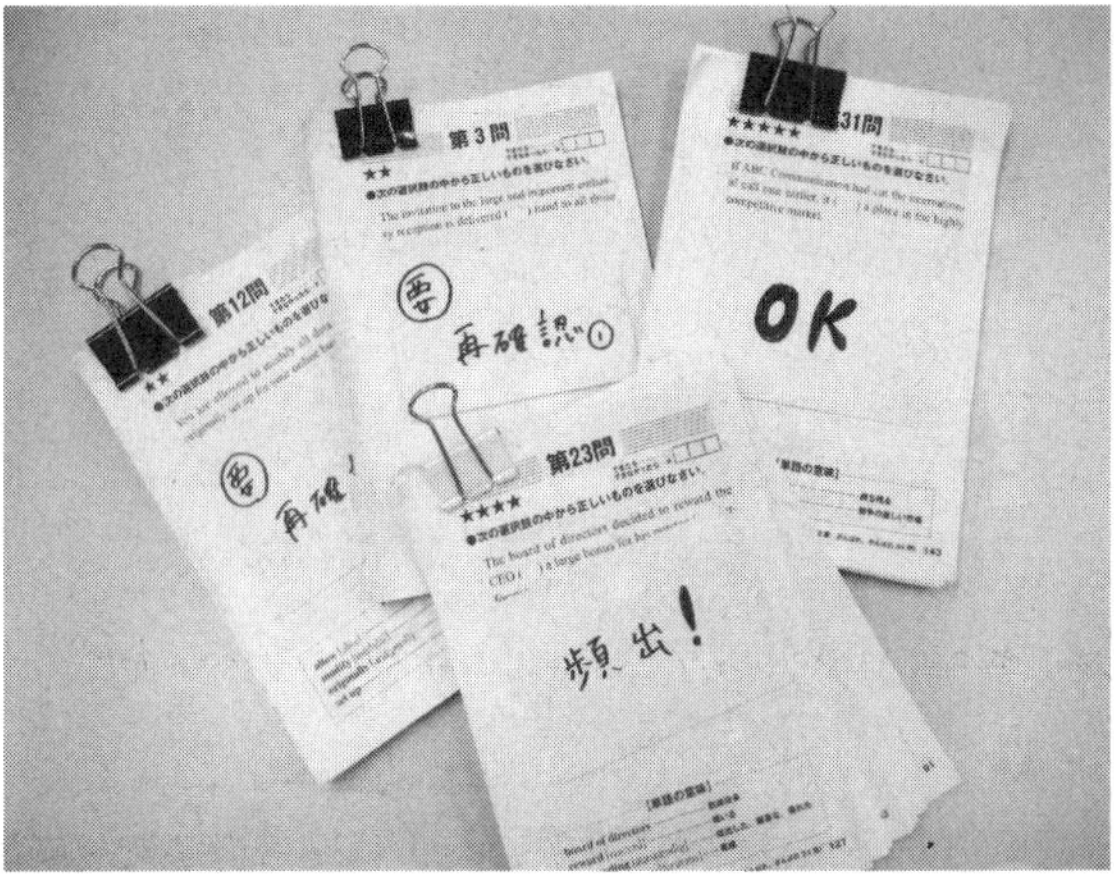

文庫本をばらした例。付箋に「OK」「要再確認」などが記入されている。

ロンをあてれば、ページをきれいに一枚ずつはずすことができます（アイロンを使うとアイロンが汚れてしまいますので、クッキングシートを間にはさみ、その上からアイロンをあてるとアイロンは汚れません。ただし、うまくいくかどうかは本の作りにもよりますし、多くの場合、ばらばらにしたページを元どおり本のかたちに戻すのは難しいため、ご自分の責任でなさってください）。

とにかく、問題を分類できるかたちにします。集めた問題は、「覚えてしまった問題」「ときどき間違える問題」「理解できていない問題」などに分類し、「ときどき間違える問題」や「理解できていない問題」だけを持ち歩くようにすればいいでしょう。あるいは、「頻出問題」「ときどき出る問題」「忘れた頃に出る問題」などに分けて、今日は「頻出問題」をやろう、と決めた日には「頻出問題」のセットだけを持ち歩くようにする、などの工夫をするのもいいでしょう。

分類したコピーや問題集のページをタイプ別にセットにしたり、冊子のようにまとめたりして、**自己流の問題集を作ってください**。総問題数として最低五〇〇問はほしいところです（本書では、この自作の頻出問題集を**「問題集五〇

Part.5 パート5は出題傾向の分析がポイント

新公式問題集Vol.4のパート5（40問）にどのような問題が出ているのか、問題別に分析をしてみました。熟語と前置詞など、どちらともとれる問題も多く、人によって分析結果は異なると思いますが、傾向をつかむという意味ではそのような差は問題になりません。新公式問題集Vol.4には2回分の模試がありますが、以下は、Test1の分析結果です。

まず、語彙（熟語を含む）問題がもっとも多く14問、次に多いのが品詞問題で10問です。他に2問ずつ出ているのは、動詞関連、前置詞、接続詞、適切な意味の副詞を選ぶ問題です。1問だけ出ているのは、代名詞、関係代名詞、比較級、主語と動詞の一致の問題です。

市販の問題集を使って頻出問題を選ぶ際には、このような問題を選べばいいということです。

ちなみに最近のある回の公開テストを分析すると、語彙（熟語を含む）問題が15問、品詞問題が11問、2問以上出題が代名詞、前置詞、接続詞、時制と態が組み合わされた問題、適正な意味の副詞を選ぶ問題です。

出題問題数としては、新公式問題集の分析結果とは多少のずれやばらつきが見られますが、そのようなずれやばらつきがあったとしても、新公式問題集の頻出問題がやはり頻出問題であることには変わりはありません。回ごとの小さなばらつきを気にして、学習範囲を広げたり、集中すべきポイントがぶれたりしてしまうのは避けたいところです。

新公式問題集4冊8回分の模試に出題されている問題は、複数出題されている問題はもちろん、1問だけ出題されているものまで併せて、市販の問題集から問題を選別する際の参考にしましょう。

〇」と呼びます)。

また、問題を集めるだけでなく、問題のコピーをノートに貼って、周りや対向ページに自分でポイントや注意事項を書き込むなどして、自分流の**頻出問題パターンノートを作る**のもいいでしょう(本書では、この自己流ノートを**「黄金ノート」**と呼びます)。このように作った「問題集五〇〇」や「黄金ノート」を常に持ち歩き、繰り返し練習をしましょう。

私の教室では、私がすべての問題や材料を準備して提供します。生徒のみなさんはその問題しかしていないため、短期間での点数アップが可能になっています。それらを利用してノートを作っている人もたくさんいます。また、それらの問題を毎日持ち歩き、週に一〇往復以上見ている人もいます。読者のみなさんは、同じ問題を使うわけにはいきませんが、自分なりのやり方で、同じような独自ノートや独自問題集を作ることは可能だと思います。ぜひ、いろいろと工夫をしてみてください。

76 文法問題こそ点数のかせぎ場所

パート５には、大きくわけて、語彙の力を問う語彙問題と、文法の理解力を問う文法問題とがあります。パート５では約半分が語彙問題です。点数の高くない人のうち、特に語彙力のない人にとって、語彙問題は、ぱっと見てわからなければ、いくら考えてもできません。

そういう方は、語彙問題は適当にマークして、**文法問題で確実に点数をかせぐようにしましょう。**ＴＯＥＩＣでは、あまり難しい文法問題は出題されないので、文法問題のほうがふだんの練習の効果が確実に現れます。苦手な語彙問題に無駄に時間をかけすぎず、その時間を文法問題、パート７の長文読解問題に回すほうが、より効率的に点数をかせぐことができるでしょう。

77 パート5の文法問題は全文を読む必要はない

パート5の文法問題は、パターンを理解していれば全文を読まないで解ける問題が大半です。**パターンで解ける問題をできるだけ増やすことが、点数アップのポイント**になります。問題集を繰り返し解くことで出題パターンを頭に入れておけば、それが可能になります。まずは出題パターンを覚えることです。

78 パート5の語彙問題は全文読む

パート5の語彙問題は、かなり力のある人やふだんから英文を読み慣れていれば、空欄の前後五、六語を読むだけでも解けますが、一文全体を読まなければ解けない人のほうが多いと思います。一文を読まなければならないので文法問題に比べ時間がかかりますが、慣れるまではやはり一文全部を読んで解くほうが安全です。

Part.5 品詞問題を攻略する

問1　次の選択肢の中から正しいものを選びなさい。

The remarkable fact behind these statistics is that Japanese customers have responded very positively to the (　) of attractively priced imports.

(A)available (B)avail (C)availability (D)availably

【答え】正解は(C)のavailabilityです。

【解説】名詞の問題です。空欄直前の「冠詞the」、直後の「前置詞のof」に対応するためには空欄には名詞が入らなければなりません。「冠詞と前置詞の間に入るのは名詞」と覚えておきましょう。

選択肢の中で名詞はavailとavailabilityだけです。availは「効力」という意味なので英文の意味が通りません。

availabilityは「入手可能性」という意味なので英文の意味が通ります。品詞の問題はパート5とパート6を合わせると、毎回6～8問程度出題されます。

【訳】これらの統計が示す顕著な事実は、安い輸入品に対して日本の消費者はとても積極的に反応するということです。

79 語彙問題はビジネス系語彙に慣れることで攻略

久々にTOEICを受ける人にとっては、パート5は語彙問題だらけじゃないかと驚いている人が少なくないようです。かなり前からおおよそ語彙問題が半分、文法問題が半分という比率になっています。回によっては、コロケーション関連の問題を含めると、語彙問題が六割以上という場合もあります。また、語彙問題の中にビジネス系の単語を問う問題が多くなっています。

ビジネス系の語彙にふだんから慣れておくと、客観的に語彙問題を判断できるようになり、語彙問題はさほど難しいものには感じなくなります。また、語彙問題をおさえておけば、簡単な文法問題もあせらずにきちんと判断できるようになります。

Part.5 語彙問題を攻略する

問1　次の選択肢の中から正しいものを選びなさい。

The automobile company decided to rationalize the production line in order to increase the (　) of the plant.

(A) composition (B) harvest (C) produce (D) output

【答え】正解は(D) outputです。

【解説】語彙問題です。

語彙の問題は英文を読み全体の意味を考えなければなりません。

「その自動車会社は工場の～を増やすために生産ラインの合理化をすることに決めた」という意味の英文で、「～」の部分に何が入るかを考えなければなりません。

英文の意味を考えれば(D)のoutput「生産高」であれば英文の意味が通ることがわかります。outputはビジネス必須単語です。そのせいかTOEICでも忘れた頃にではありますが、定期的に語彙問題として出題されています。

composition「組み立て、構成」、harvest「収穫、収穫高」、produce「農産物」では英文の意味が通りません。

【訳】その自動車会社は、その工場の生産高を増加させるために、生産ラインを合理化することにしました。

パート6対策

〈パート6とは？〉

・TOEICリーディングセクションのパート6とは、長文の空欄を埋める「長文穴埋め問題」です。一題に穴埋め部分が三問、全部で四題の、合計一二問です。

・仕事でやりとりする手紙、メール、記事などを読み、それらの文書中で頻繁に使われる語彙や熟語、基本的な文法事項が理解できているかどうかが問われる問題です。

80 パート6はパート5と基本的に同じもの

パート5とパート6の問題は基本的に同じだと考え、**同じアプローチで臨みましょう。**手紙やメール、記事などの少し長めの英文の中に、パート5の問題が組みこまれている、と考えてください。

81 パート6も時間配分を重要視する

パート6で大事なことはパート5と同様に、**できるかぎり「全文を読まない」ということです。**全文を読むと時間がかかります。パート6に時間をかけすぎるとパート7で時間が足りなくなります。パート6は一二問しかありません。「数問なら間違ってもいい」という感じで、次に移ってください。時間配分は一問三〇秒です。ということは一題に三問あるので一題一分半で解く、ということです。全部で四題ですから合計六分という計算になります。

82 パート6は長文全体を読まないで解く

TOEICのパート6は一見難しそうですが、文法問題も語彙問題も大半はパート5で出題されるものに似ています。また、使用される英文は、パート7で頻繁に出題される、手紙文、メール（特に社内メール）、記事、広告文（特に求人広告）などを短くした感じのものです。

パート6はできるかぎり長文全体を読まないで解く、がポイントです。ですが、点数の低い方、自信のない方は、英文の最初の一、二行は読むようにしましょう。英文は最初にその文全体で述べようとしていることをまとめる場合が多いので、最初の一、二行を読めば何に関する文章かの見当がつきます。メールであれば、Subject（あるいはRE）部分を先にチェックしておくといいでしょう。

Part.6 長文穴埋め問題はこう解く

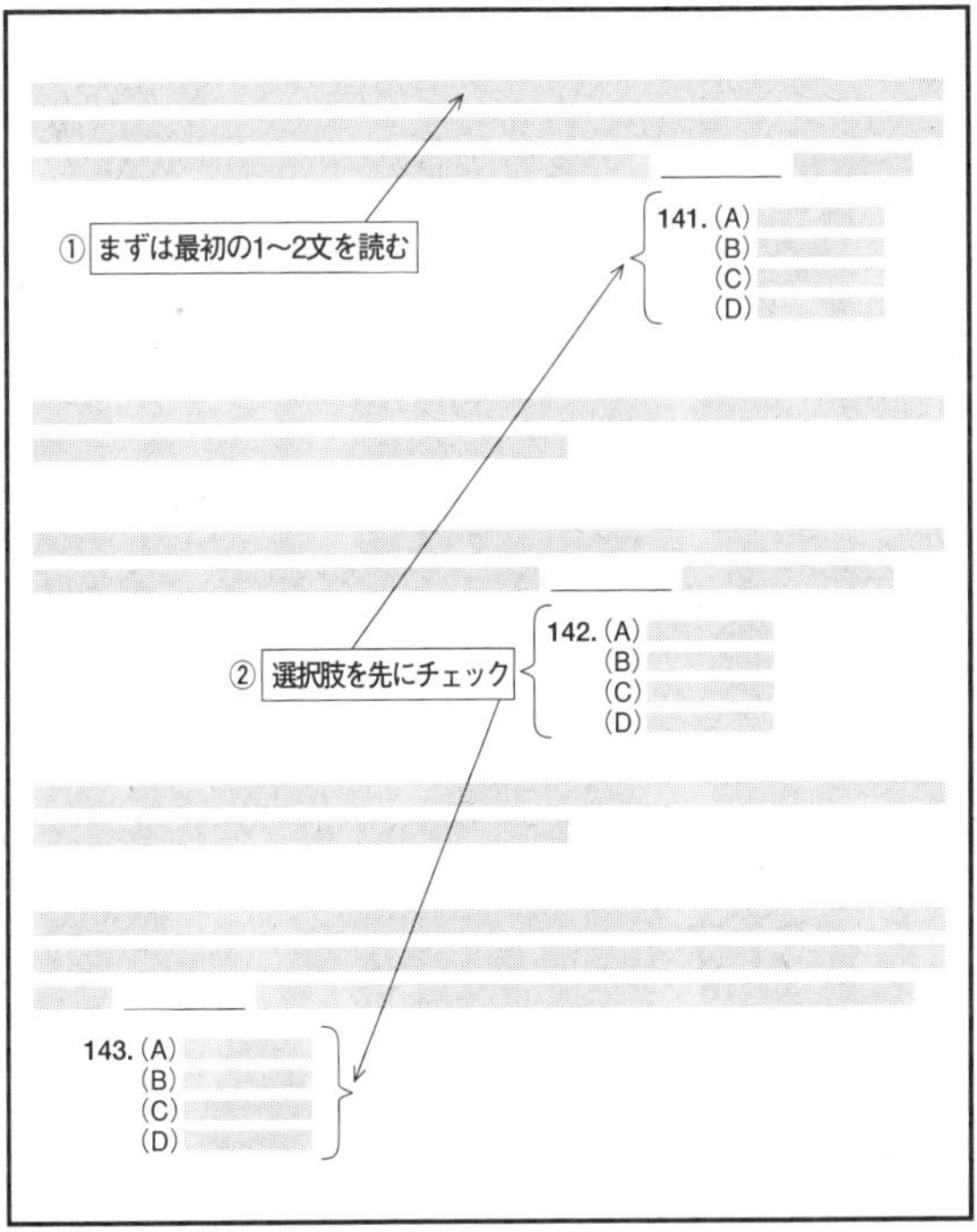

① まずは最初の1～2文を読む
141. (A)
(B)
(C)
(D)
② 選択肢を先にチェック
142. (A)
(B)
(C)
(D)
143. (A)
(B)
(C)
(D)

パート6の長文穴埋め問題では、スコアが800点以上の人は選択肢から見てもいいですが、800点以下の人はまず最初の1～2文をサッと読んで、文書の内容を把握しましょう。

次に、文書全体は読まずに、すぐ選択肢を見て、どこまで読まないと解けない問題かを判断します。ただし時間配分に要注意。1問30秒以内で解くのが原則です。

83 パート6の文法問題は空欄の前後だけを見て解く

最初に選択肢を見ます。選択肢を見て「文法に関する問題だな」とわかれば、文法問題は空欄の前後を見るだけで解ける問題が大半なので、空欄の前後だけを見て正答を選んでください。文法問題は、パート5での出題パターンを覚えていれば簡単に解ける問題ばかりです。最近は、定番の時制問題が少し難しいことがあり、正しい時制の判断に、一文を少していねいに読まなければならないことも少なくありません。

84 パート6の語彙問題は当該の一文全部を読む

先に選択肢を見て、選択肢に並ぶ単語がばらばらである場合、その問題は「語彙問題」の可能性が高いです。語彙問題は、かなり力のある人は別として、一文全部を読むほうがいいでしょう。語彙問題については、その語が含まれて

Part.6 熟語問題を攻略する①

問1　次の選択肢の中から正しいものを選びなさい。

The current account includes not only trade in goods and services (　) also investment income flows and foreign aid programs.

(A)and (B)or (C)but (D)even

【答え】(C)のbutが正解です。

【解説】熟語の問題です。文中の「not only」がヒントになります。「not only A but also B」は、「AだけでなくBも」という意味で、よく使われる熟語です。TOEICでは忘れた頃に出題されます。

空欄になっている箇所は変わります。空欄でない箇所をヒントに正解を選びましょう。

熟語の問題はTOEICにはよく出ます。いろいろな熟語があるので、一つずつ覚えていくのは大変です。問題集を解きながら頻繁に目にする熟語を順番に覚えていきましょう。

【訳】経常収支は、財とサービスの取引だけでなく、投資収益の流れや海外援助プログラムなども含みます。

いる一文全部を読みましょう。

85 メールや手紙文に慣れておく

パート6で出題される英文は、仕事で頻繁に使うメールや手紙文が多いので、ふだんからそのような英文を読み慣れておくといいでしょう。ビジネスレターなどには頻繁に使われる「ていねいな表現」があり、それらの表現が出ることもあります。

日本の企業にお勤めの方など、仕事であまり英文のメールや手紙文にふれる機会がなく、慣れていない人は、書店に行くと、英文メール、手紙文の書き方の本がたくさん並んでいますから、そのような本でチェックしておくのも一つの方法です。ただし、あくまでも、仕事上のやりとりに関するものにかぎります。

Part.6 熟語問題を攻略する②

問1　次の選択肢の中から正しいものを選びなさい。

We will inform you (　) the exact date of shipment after we have received payment from you.

(A)over (B)of (C)along (D)through

【答え】(B)のofが正解です。

【解説】メールや手紙で使う表現に関する問題です。
「inform 人 of ～」で、「(人) に～を知らせる」という意味の熟語です。後に名詞句がきているので前置詞のofが入りますが、節 (S (主語)+V (動詞)) がくる場合は接続詞のthatが入り、「inform 人 that ～」になります。顧客に出すメールや手紙でよく使う表現です。
　パート6では、この問題のように、ビジネスのメールや手紙で使う表現が出ることが多いです。

【訳】貴殿がお支払いを済ませた後に、正確な発送日をお知らせ致します。

Part.6 社内メールはここを見る

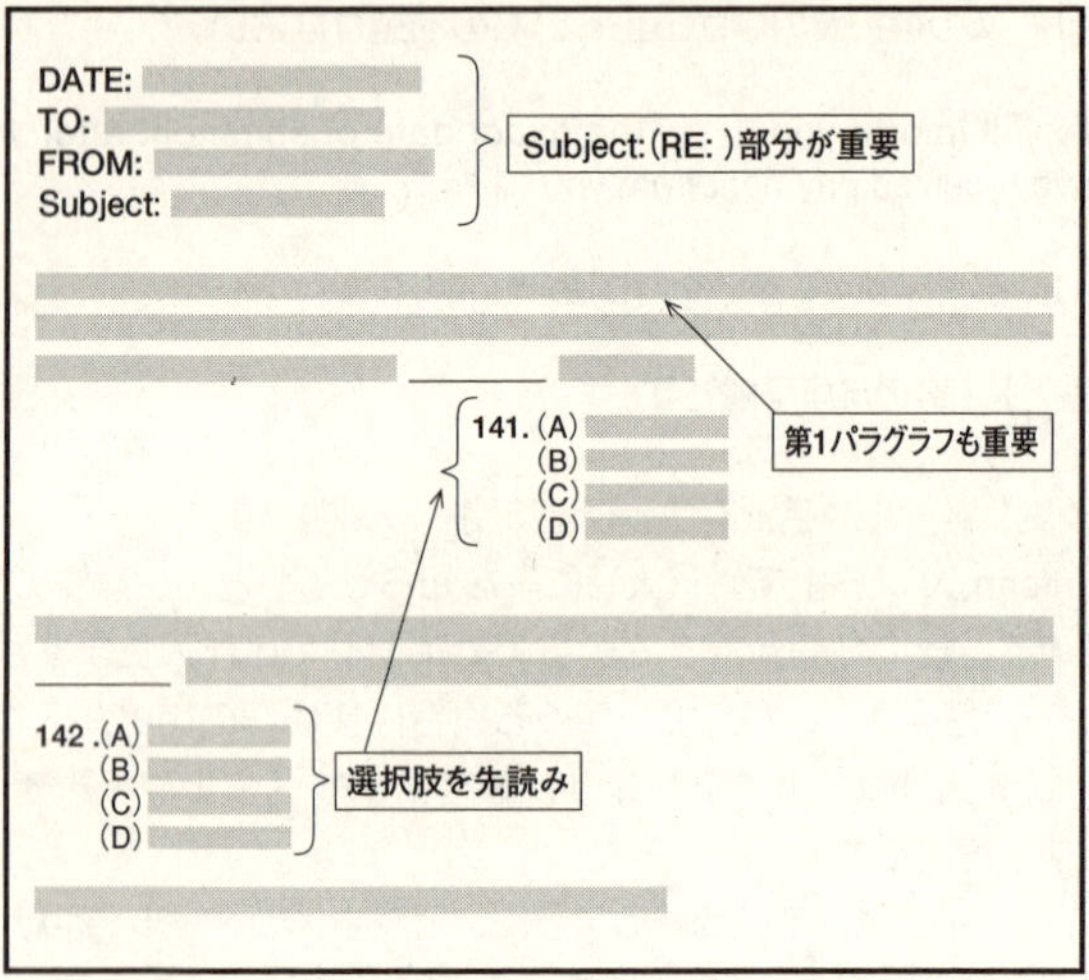
DATE:
TO:
FROM:
Subject:
Subject:(RE:)部分が重要
第1パラグラフも重要
141. (A)
(B)
(C)
(D)
142 .(A)
(B)
(C)
(D)
選択肢を先読み

パート6では、社内メールが頻繁に出題されます。

REは、regarding / in regard to の略で、「……に関して」という意味になります。

そのメールが何について書かれたものかを示す重要な情報欄です。Subjectが使われる場合もあれば、REが使われる場合もあります。ここをチェックすれば英文が何に関するものかわかるので必ずおさえておきましょう。

本文では、第1パラグラフ、特に最初の文章に注目してください。ふつう英文では最初の部分に重要なことが書かれているからです。次に、選択肢をチェックします。

パート7対策

〈パート7とは?〉

・TOEICリーディングセクションのパート7とは「読解問題」で一つの文書を読んで複数の設問に答える「一つの文書問題」と、二つの文書を読んで複数の設問に答える「二つの文書問題」の二つからなっています。

・「一つの文書」二八問、「二つの文書」二〇問、合計四八問あります。

・手紙、メール、記事、広告、イベント紹介などを読み、情報を短時間できちんと把握できるかどうかという、英語力と情報処理能力とが測られる問題です。

86 長文は量を読む

長文はとにかく量を読むようにしましょう。量をたくさん読んでいると、たとえばそれがビジネス系の文章なら、ビジネス系の語彙で同じ単語が繰り返し出てきます。同じ単語に何度も出会うと、最初はわからなくても、前後の文脈などからだんだん感覚でわかるようになってくるものです。どうしてもわからない、想像がつかない、といった気になる単語だけ、後で調べればいいのです。意味がわからないもの、あやふやなものを全部辞書で調べていては、あまりにも時間がかかりすぎ、また、ぶつ切りに読むことになって、TOEICで必要とされる「情報を取る」読み方の感覚がいつまでたっても身につきません。時間がない場合には、わからない単語は意味を想像し、辞書はあまり引かずに読み進めることです。未知語の意味を想像することによって、文脈から意味を類推する力もついていくのです。ただ、あまり語彙力のない人、ビジネス語彙に関して自信のない人は例外です。わからない単語でよく目にするものは、必ず意味を調べて覚えるようにしましょう。

87 長文は英文を毎日読んで慣れる

英文は毎日読むようにしましょう。インターネット上の無料の英字新聞の記事であれば、ものにもよりますが、だいたいざっと読んで一本の記事が二〜四分、二本読んでも五、六分です。自宅でなくても、電車での移動時間やお昼休みに十分に割ける時間です。そうした空き時間も使って、毎日読む習慣をつけてください。毎日読んでいると、少し長めの文章でも読むのが苦痛でなくなってきます。スポーツや楽器の練習もそうだといいますが、一度でも休むと元のペースに戻すのは大変で、読むのが苦痛になってしまいます。

88 長文は必ず時間を計って読む

長文を読むときには、一題三分または四分など、時間を計って読む練習をしてください。決められた時間内に解く練習を繰り返しましょう。タイマーを使ってきちんと時間を計って解くことが重要です。読解力も向上しますし、一題に費やせる時間が感覚でわかるようになります。長文＝長い文章だからといって、時間をかけて、ゆっくりだらだら読んでも、TOEIC対策ということに関しては、あまり意味がありません。**TOEICでは、**リスニングセクションのパート3、パート4の先読みも含め、**ほとんど全パートで速読が求められます。**単に速く読むだけではなく、情報が書かれている箇所をすばやく探し、必要な情報を取る能力、つまり情報処理能力が求められます。ですから、ただただ自分のペースで読んでいるだけでは練習になりません。

89 長文読解では単語力がポイント

長文読解は単語力が物を言います。ただし、ここでいう単語力とは、単に一対一対応で単語と訳語を覚えているだけではなく、その単語を使った慣用表現、言い回しなど、前後の要素をかたまりとしてとらえた広い意味での単語力です。

90 ＴＯＥＩＣで必要な語彙・表現を見極める

最近のＴＯＥＩＣでは、ビジネスでよく使う表現、フォーマルな表現、インテリが好んで用いるような表現が多く出題されます。日常のくだけた英会話ならこなせる人でも、これらの単語や表現を知らなければ、高得点を挙げるのは難しくなります。学習の際には、こうしたビジネス表現、フォーマルな表現、インテリが好んで用いるような表現などを、意図的に増やす努力をしましょう。そのためには、こうした表現が現れる適切な素材を選ばなくてはなりません。

91 長文は題材を選んで読む

長文対策用のテキストは、何を選んでもいいというわけではありません。TOEICの長文はビジネス系の文書が中心ですから、対策に役立つものとそうでないものとがあります。ビジネスの現場で頻繁に使われる英文や経済ニュースなどを、短時間に読み取り、全体の内容をすばやく把握する練習をする必要があります。**長文を読むならTOEICに出そうなビジネス系のものを選ぶ**ようにしましょう。

私のおすすめで、七五〇点以上の人に好評なものに、たとえばイギリスの経済紙『フィナンシャルタイムズ（Financial Times）』があります。ウェブで無料版を読むことができます（http://www.ft.com/）。トップページの上部から「Companies」あるいは「World」の中の「ASIA-PACIFIC」をクリックし、読みやすそうな内容のもので、A4で一枚程度の長さの記事を選びましょう。

有料であれば、「ダウジョーンズ ビジネスイングリッシュ」がおすすめです（http://www.dowbe.com/jp/）。

四つのレベルに分かれていて、下の二つのレベルであれば語注も日本語訳もパート7形式での設問もついています。「ダウジョーンズ ビジネスイングリッシュ」の記事は「ウォールストリート ジャーナル（The Wall Street Journal）」からの抜粋です。

また、仕事でも使いたいという方は、たとえば、自分の仕事と同種の企業のサイトから、ＩＲ関連の記事などを選んでみるのもいいでしょう。「投資家の皆様へ（Corporate Information For Investors）」というタイトルのページに入れば、業績関連のニュースや財務情報などが掲載されています。

いずれにしても、内容が想像でき、興味があるもので、できればビジネス系のものを題材に選ぶのがいいでしょう。新公式問題集を活用するのはもちろんですが、そのほかに市販の問題集を使う場合は、練習に使う英文が、実際のテストに使われているものよりも少し長めのものを選ぶほうが有効です。

92 長文読解は戻り読みをしない

長文読解では、左から右に流して読みましょう。学校の授業や大学入試での長文読解のときのような、戻り読み（接続詞や関係代名詞が出てきたら、前に戻って読むこと）をしない練習をしてください。つまり、**英語を英語のまま内容を把握することを意識しながら読む**ことを心がけてください。TOEICでは、短時間に英文の内容を読み取る力が必要になります。戻り読みをしたり、いちいち日本語に訳したりしていると、時間が足りなくなってしまいます。これは長文読解問題だけでなく、リスニングセクションでの設問や選択肢の先読みや、パート5やパート6での問題文を読む際も同じです。

93 スキミングやスキャニングの練習をする

スキミング（大まかな内容をつかむために文章にざっと目を通すこと）やス

キャニング（必要な情報を探す読み方をすること）の練習を積んでおきましょう。TOEICの長文読解で求められるのは、精読ではありません。全体をざっと見渡して、読むべき箇所に焦点をあて、**キーワード、キーフレーズに注目し、「情報を取りにいく」という感覚を身につけましょう。**

タイトルがある場合には、まずタイトルを見ます。タイトルを見れば何に関する文章なのかが大まかにわかります。一段落目は少していねいに読みましょう。その英文で何を述べようとしているのかが把握できます。英文では最初と最後にその文全体のまとめを書きます。TOEICは簡単な英文しか使われていないので、最後のまとめは省略されている場合が多いですが、最初の段落（一段落目）を読めば、その英文は何について書かれているかを判断できる場合が多いです。また、各パラグラフの内容は、それぞれのパラグラフの一文目に書かれている場合が多いので、パラグラフ全体を読む時間がない場合、一文目を読めば何が書かれているか見当がつきます。

94 パート7は設問→長文→選択肢の順に読む

文章を全部理解して解こうとしないようにしましょう。設問を先に読み、問われている内容を文章から探して解きましょう。設問を先に読む際に選択肢も一緒に読んだほうが答えのヒントは多く解きやすいのですが、かなり力のある人、それこそ九〇〇点以上レベルの人でないと、その時間はないと思います。まずは、設問→長文→選択肢の順に読むと考えましょう。

95 全文を読まずに必要な情報を取りにいく

今のTOEICは情報処理能力を問うテストでもあります。実際のビジネスでは、多くの資料を一度に読む必要にかられることが日常的にあります。端から全部を読んでいてはとても処理しきれません。重要な部分のみを選んで読んでいく力が必要になります。

パート7の英文はたしかに長いのですが、一分何ワードといった、頭から全部を速く読もうとするような読み方ではなく、設問を先に読み、必要となる情報のあたりをつけておいてから、その情報を取りにいく、その情報を拾いにいく、というような読み方をするようにしましょう。まさに、長文の中に埋もれた「答え」のありかを探す練習をするのです。**長文は必ずしも全文を読む必要はない**のだということを忘れないようにしてください。必要なのは、**情報を短時間にピックアップする**練習です。設問を先読みする際に、設問からキーワードを拾う練習を積みましょう。

たとえば、設問に日付や地名が挙がっていたら、数字や大文字の語などをたよりに、長文からその情報を探すようにして読みます。設問に surprised、enclosed などの語があれば、長文中から surprised、enclosed、そのままの語か、同義語を急いで探します。うまく探し当てられれば、その前後を読むだけで答えがわかります。あるいは、これらの語をキーワードに、長文から関連情報を探せばいいのです。

96 長文全体を写真を見るように眺める

まず、**写真を見るような感じで長文全体を見るようにしましょう。**七〇〇点くらいすでに点数を取っている人であれば、訓練次第でできるようになります。特に、設問文にキーワードが含まれている場合には、英文全体でどこに注目すべきかが明らかになっているといえますので、この読み方が非常に有効になります。

97 TOEICによく出るビジネス定型文章のパターンをおさえる

TOEICに特によく出るタイプの長文には、たとえば、社内メール、ビジネスレター、広告（求人広告も含む）、ビジネス関連の新聞記事などがあります。それぞれのタイプについて、問題集でいろいろなパターンに慣れておき、実際に出題されたら、どこを読めばいいのかがすぐ把握できるようにしておきましょう。

チェックすべき箇所は、文章のタイプによってそれぞれ特色があります。たとえば、新聞・雑誌の記事などでは、最初のパラグラフがもっとも大事で、次に大事なのは各パラグラフの一文目です。数問ずつ必ず出題される社内メールや、顧客への手紙といったビジネスレターにも、それぞれ注目すべき箇所があります。

98 文の主語・述語をおさえる

長文で、一文が長くなると、何が書いてあるのか、どこで切れているのか、わからなくなることがあります。**文の中で、どれが主語で、どれが述語なのかをおさえながら読む**習慣を作りましょう。

点数の高くない人は、パート7対策として、複文（一つの文の中に、複数の主語・述語要素があるもの）の少し長めのものを読む練習をしておくと効果があります。文章の中に、挿入要素（語句節）、分詞、関係代名詞の省略などが入ると、どれが主語でどれが主節の動詞なのかがわからなくなってしまうことが多いからです。長文は短文の集まりですから、まずは、一つ一つの文章について、きっちりと構造をおさえて読み解けるようになることが重要です。一つ一つの文が読めるようになれば、その集まりである長文を読む力は自然についてきます。私の教室の生徒さんのなかにも、複文を読む練習を積むことで、長文読解で高得点を出せたという人が多くいます。

99 時間配分を考える

パート5を一五分、パート6を六分で終わらせると、パート7に五四分残ります。「一つの文書問題」は九、一〇題と問題数が固定ではありませんが、「二つの文書問題」は必ず二〇問（五問が四題）です。時間配分を考えて、「二つの文書問題」に二〇分残しましょう。つまり、「二つの文書問題」は一題平均五分、「一つの文書問題」は一題平均三分半強ということになります。

100 「NOT問題」を攻略する

「NOT問題」とは、設問に「説明されていない（...is NOT stated [mentioned]...）ものを選べ」などの表現が含まれ、文書の中でふれられていない内容の選択肢を選ばせる問題です。このタイプのものは、パート7全体で五問前後出題されます。「NOT問題」は、選択肢と英文を照合して該当しないものを一つ一つ消していかなければならないので時間がかかります。問題数が少なければとばすことも考えられますが、五問前後出題されるのでとばすわけにはいきません。「NOT問題」は一パラグラフを読めば答えが出るものが大半です。答えがありそうなパラグラフを見つければ、あとは選択肢と英文を照合して該当しないものを消していけばいいだけです。

六〇〇点以下の人で、パート7を最後一〇問以上残してテストが終了時間になっているという人は、「NOT問題」を後回しにすることも考えていいと思います。後回しにする場合も白紙のまま置いておくのではなく、選択肢だけ読んで一番正解に近そうなものを勘で選んでマークをしておきましょう。

六〇〇点以上の方は後回しにすると、最悪の場合、「NOT問題」五問前後すべてを残して終了ということにもなりかねないので、多少時間はかかりますが、これらの問題も後回しにせずに順番どおりに解くようにしましょう。とにかく答えが書かれていそうなパラグラフを早く見つけることが重要です。

101 「照合問題」は時間がかかる

問題文全体と選択肢を同時に照らし合わせて解かなければならない「照合問題」があります。「What is indicated about this letter?」のようなタイプの設問がそうですが、他にもさまざまな設問があります。「NOT問題」同様に、このタイプの問題を一問解く間に、部分を問うタイプの問題が二問解けます。力がない人は「NOT 問題」同様に後回しにしてもいいでしょう。

102 パート7は「二つの文書問題」で得点をかせぐ

パート7の「二つの文書問題」は、一見難しそうに見えますが、意外に得点源になります。

英文自体は長いですが、ビジネス的常識で解ける問題も増えています。ビジネス的常識で解ける問題はあまり時間をかけずにどんどん常識で解いて進み、とりあえず最後まで行きつくことを心がけ、問題を残さないようにしてください。

「二つの文書問題」は一題につき五問で四題、合計二〇問もありますので、ここを得点源と考え、確実に点数をかせぐようにしましょう。一見問題量が多く見えてしまう「二つの文書問題」に時間ぎりぎりでとりかかることになると、気があせってしまって、ふつうなら解ける問題も解けなくなってしまうおそれがあります。「二つの文書問題」→「一つの文書問題」の順に解くのも一つの手です。

103 「二つの文書問題」は難しくない

実際に解いてみると「二つの文書問題」は、見かけほど難しくはありません。

各題、それぞれ左ページに二つのパッセージ（文書）がありますが、まずそれぞれのタイトルなどを見て、何に関する文書なのかをざっとつかみます。たとえば、「上は『記事』で、下は『手紙』だな」というように見当をつけてください。初学者は、問題文の上をチェックすれば、「Question 181-185 refer to the following article and letter」のような一文があるので、ここからわかります。上下の英文それぞれ一文目をチェックするなどして、ざっと内容にも目を通しておきます。

Part.7「二つの文書問題」はこう解く

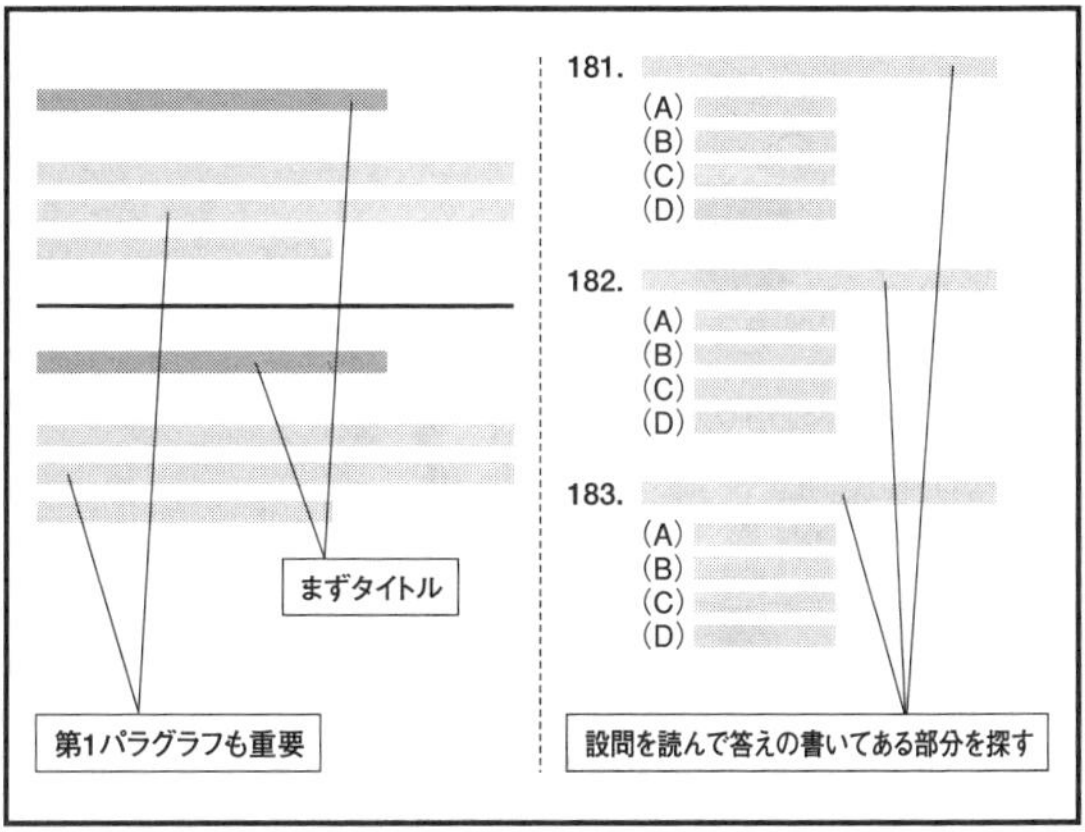
181.
(A)
(B)
(C)
(D)
182.
(A)
(B)
(C)
(D)
183.
(A)
(B)
(C)
(D)
まずタイトル
第1パラグラフも重要
設問を読んで答えの書いてある部分を探す

パート7の「二つの文書問題」では、まず文書のタイトル部分などを見て大まかに内容を予測し、次に設問を読んで文書内のどこに答えがあるのか探します。答えのある箇所は設問の順に文書内に出てくることも多いようですが、必ずしもそうではなく、また、二つの文書をクロスして読まなくてはならない「クロスリファレンス問題」が出題されることもあります。

まず、設問文からキーワードを探します。たとえば、What surprised... ？と聞かれたら、surprisedあるいはsurprisedと同じ意味の別の単語がある箇所を探しましょう。

次に、右ページの設問を読みます。設問の中に、上、下、どちらの文書に答えがあるかのヒントが記載されている問題も多いです。たとえば「見積もりによると……」とか「メニューの中では……」などのような文言がヒントになります。

設問を読んで、上、下、どちらの文書に答えが書かれてあるのかを確認します。確認が終わったら、その情報を探しにいきます。特に改変以降のTOEICは情報処理能力を問うテストでもある、ということを頭の中に入れておいてください。情報を処理するのだと考えればいいのです。

104 「二つの文書問題」は「一つの文書問題」に比べ、情報収集力を測る問題が多い

「二つの文書問題」では、どちらの文書に答えがあるのかを先に探さなければならず、また、二つの文書を読んでその両方の文書にある情報を参照しなければ答えられない、いわゆる「クロスリファレンス問題」も増えています。

「二つの文書問題」では二つの文書のうち片方が表、あるいは表に近い箇条書きの多い英文が出ることも多く、片方がそのような表の場合、特に、情報がどこにあるのか先にあたりをつけて探す「情報収集力」が求められる問題が多いです。英語力があっても仕事で表を見慣れていなければ解答に時間がかかりますが、仕事で表を見慣れている人は早く解答をすることができます。

テストを作成しているETSがテスト改変の際に「仕事で使える情報収集力を測る試験にする」と言っていましたが、その主張が最近顕著にテストに現れ始めた感じがします。

105 「一つの文書問題」も難しくない

「一つの文書問題」は出題数が一定ではなく、九、一〇題前後出題されます。前半の短い英文の問題は比較的簡単ですが、後半、特に「二つの文書問題」に入る前あたりの数題は、問題の英文が長くなっていて、それだけで驚く人が多いようです。英文が長くなるだけでなく、設問数も一題四～五問と多くなり、「二つの文書問題」前半の問題と比べるとはるかに難しくなります。また時間のかかりそうな少しやっかいな表問題が出題されることもあります。

かなり難しそうな問題は適当に答えを選び、とりあえず最後まで解いて、適当に選んだ問題は後で戻って解くのも一つの方法です。後で戻って落ち着いて読めば、思ったほどではない場合もあります。少し長めの文章が多いので、練習の際は問題文が少し長めのものを選ぶようにしましょう。また、問題を解く際はタイマーを使って、時間を計って練習するほうが効果は大きいです。「一つの文書問題」は、三・五分で解き、「二つの文書問題」は五分で解く練習をしましょう。パート7の練習には、新公式問題集以外にも『Tactics for TOEIC 2007年度版』(Oxford 出版)が使えます。ETSが監修をしているため、実際のテストに近いです。また、この問題集『Tactics for TOEIC』は洋書のため高いですが、パート7の練習用にだけと割り切れば、リスニング用のCDなしで二回分の模試であればアマゾンで千円で購入できます。

106　頻出問題のストーリーをおさえる

ＴＯＥＩＣでは、同じような内容の長文が頻繁に出ます。新公式問題集四冊八回分の模試、先に紹介した『Tactics for TOEIC』（Oxford 出版）などのよくできたパート7の問題集を使って練習しましょう。また、評判のいい市販の問題集を使ってパート7の日本語訳部分だけを斜め読みをすると、よく出題されるストーリーがあることに気がつくはずです。頻出問題のストーリーのパターンを覚えておくと、本番のテストで正答の見当がつきやすくなります。こういった裏技もぜひ使いましょう。

ボキャブラリー対策

107 単語は新公式問題集から覚える

TOEIC対策に必要な単語はまずは新公式問題集から覚えましょう。新公式問題集のリスニングセクションに出ている単語がパート5の語彙問題で出ることもありますので、リスニングセクション、リーディングセクションともに新公式問題集を活用しましょう。

108 単語は英文の中で覚える

単語は英文の中で覚えましょう。 特に、すでに六〇〇点以上を取っている人は、単語を日本語訳との一対一で覚えるのではなく、英文の中で、前後の要素や使われ方も合わせて覚えてください。六〇〇点以下の人は、単語が日本語訳と一対一で示された、いわゆる単語本も併用したほうが効率はいいのですが、その際も必ず例文を見て、その単語が文中でどのように使われているかをチェックするようにしましょう。

特に最近は、TOEICで出題される英文にビジネス系の文章が多いので、前述した企業のホームページのIRページや『フィナンシャルタイムズ(Financial Times)』のようなビジネス系新聞の記事以外にも、外資系企業に勤務の方であれば、自社の資料やメールも役立つことがあるでしょう。「フィナンシャルタイムズ」や「ダウジョーンズ　ビジネス　イングリッシュ」が難しい、という方は「ジャパンタイムズ」や「デイリー読売」のビジネス記事などを読みながら単語を覚えるという方法もあります。

一つの単語にはさまざまな意味があり、日本語に訳すと同じ意味でも、英語では使われ方が違う単語もときどき出題されています。そのため、単語と意味だけを覚えても、TOEICでは有効でない場合も多いのです。たとえばconditionとtermsには共に「条件」という意味がありますが、実際に、パート5の選択肢としてconditionとtermsが一緒に出たことがあります。ということは、文中での意味をきちんと読み取って、どちらが正しいのかを見極めなければならないということです。

日頃から英文を読んで、単語の意味だけでなく使われ方も文脈の中で覚えるようにしなければ、こうした問題には対処できません。このような問題の対策という意味でも、単語は英文の中で覚えるのが理想です。ただ、文章を読む力に自信のない方やあまりにも単語力のない方は、単語本も併用しましょう。

109 ＴＯＥＩＣに出やすい単語から覚える

ＴＯＥＩＣには、よく出る単語とそうでない単語があります。当然、前者を中心に覚えるほうが学習効率は良いことになります。ＴＯＥＩＣ特有の単語、特にビジネスで使われる語彙を先に覚えるようにしましょう。

単語にはさまざまな意味があると前項にも書きましたが、同じ単語でも、ＴＯＥＩＣでは、学習辞書や受験用単語本では重要な意味として扱われていない語義を問われることがあります。たとえば「調整する」という意味の adjust という単語は知っている読者も多いと思いますが、「修正する」という意味でパート７の読解問題で使われることがあります。

ビジネスの文脈で使われる語彙に関する知識を問われる問題は、最近増えています。辞書にまったく出ていない意味が取り上げられることさえあります。ＴＯＥＩＣ全体の傾向として、ビジネス英語に軸足を移してきている以上、ある程度仕方のないことです。「大手外資系企業で働いている教育を受けたアメリカ人が仕事で使っている英語」とイメージしてみると、だいたいどのような単語が重要かが想像できるでしょう。

ビジネス系の英文を読みながら、よく出てくる単語をきちんと調べて、どのような意味で使われているかを理解して覚える――時間と手間はかかりますが、語彙力のアップについては、そういう地道な方法が重要です。

なお、繰り返しになりますが、単語力に自信のない方はこのやり方で無理をせず、いわゆる「単語本」を併用することも重要です。

110 ビジネス単語がカバーされている単語本を選ぶ

単語本を選ぶ際は、TOEICで頻繁に使われるビジネス語彙が取り上げられているもの、それも単に意味があがっているだけではなく、例文付きで扱われているものを探しましょう。辞書では重要語扱いされていないマイナーな語であったり、場合によっては辞書に掲載すらない意味であったりしても、ビジネスの現場でよく使われる語はTOEICでは出題されることがあります。実際にＴＯＥＩＣで出題される意味がきちんとカバーされているものを選ぶのが重要です。

もちろん、単語学習もまずは新公式問題集が基本ですが、新公式問題集以外のものとしては、58～59ページに挙げた本などもおすすめです。

ＴＯＥＩＣの単語学習という意味では、大学受験用の単語集はあまり参考にならないことも多いようです。ときどき受験用単語本を使っている人がいますが、ＴＯＥＩＣでビジネス系の語彙の出題が増えているということは、そういう本で単語を数千語覚えても、必ずしもＴＯＥＩＣ対策にはならないということです。

111 単語は書いて覚える

単語は、単語集を漫然と眺めるだけでなく、**手で書いて覚えましょう**。単語帳にていねいに書く必要はありません。不要な紙になぐり書きするのでもかまいません。実際に手を使って書いて覚えると、記憶への残り方が違います。フレーズや覚えておきたい短文なども同じで、手で書いて覚えるようにしましょう。声に出して覚える、という方法も有効ですので、ご自分に合った方法を見つけてください。

112 辞書は重要、ただし頼りすぎない

新公式問題集については、問題文にわからない語や表現が出てきたら調べましょう。同じような単語や表現が実際のテストに出る可能性があり、それらを放っておくと、本番で出てきたときにもつまずく原因になってしまいます。**新公式問題集を学習するときに出会う未知の語句は、あとで辞書で確認、が原則です。**

一方で、辞書に頼りすぎないことも大切です。特に、長文読解問題で、意味のわからない語句、あやふやな語句をいちいちすべて辞書で確認していては、

Column
「書いて覚える」はこんなにすごい

単語だけでなく、リスニングセクションまで書いて覚えてしまう、というユニークな暗記法で点数アップに成功した方がいます。

最初、なんとなく受けた結果は620点。単語力の不足を感じたそうです。そして一念発起、英語関連のメルマガを複数読み、出会ったわからない単語は10回くらい書くことを始めたとのこと。「復習をしていなかったのでかなり効率が悪かったはず」とご本人は反省していますが、この作業で単語力がアップしたという手応えもつかめたようです。

その後、私の問題集などを使い始め、リスニングセミナーにも参加。約3か月後に再挑戦した結果は745点、約半年後の結果は805点。リスニングについては、新公式問題集を使ってポイントを聞く練習をしたそうです。しばらく続けて、最後は新公式問題集のパート2と3をまるごと書き写して覚えたそうです。単語やフレーズを書いて覚える方は多いでしょうが、リスニングセクションのトランスクリプトを丸ごと書き写すというのは思ってもみないやり方で、私も驚きました。

この方は、私のホームページを作成してくれている方で、当時は大学院の論文を抱えた非常に多忙な身でした。教室に通っていたわけでも、ふだん十分な学習時間を割けていたわけでもないことを考えると大変なジャンプアップと言えます。やはり、自分に合った学習法をうまく選択したことが大きいのでしょう。

書いて覚えることについて、彼はこんなふうに話してくれました。「昔から、覚えるには書くのが一番だと思っています。手で書いて暗記すると、非常に忘れにくいのです。書くというと、すぐにきれいに書いたりまとめたりしたくなってしまいますが、そうすると、まとめたり書いたりすることで満足してしまい、肝心の『覚える』ことに頭がいかないような気がします。なので、いらない紙の裏などに、とにかく書いてみることにしています」。

時間がかかりすぎて学習効率が悪くなるうえ、場合によっては、覚えておくべきとはかぎらない語句まで詰め込むことになってしまう可能性もあります。

長文読解では、日本語での正確な意味がわからない語句が混じっていても、大きな問題にはなりません。むしろ細部に拘泥せず、全文を読まずに解く練習を重ねることで、出題のポイントとなる部分が自然にわかってくるようになり、感覚で英文のニュアンスがつかめるようになります。

113 単語は前後の表現と一緒に覚える

単語のみでなく、前後の表現も合わせて覚えるようにしましょう。195ページの表の例では、よく一緒に使われる前置詞や、目的語にくる典型的な名詞などを一緒に挙げてあります。このように重要単語を覚える際は、その前後の表現にも注目し、できれば一緒に覚えてしまいましょう。

パート5とパート6では、その単語だけでなく、前後の表現を問う問題が出ることも多いのです。同じ表現の中で問われる部分が異なって出題されるだけということも多くあります。**単語を覚える際は、**「問題文で問われている単語を覚える」だけでなく**「前後の表現も一緒に覚える」ことが基本です。**

114 言い換えをおさえて単語の応用力アップ

TOEICでは問題文と設問あるいは選択肢の間で、単語が同じ意味の別の表現に言い換えられていることが多々あります。そうした言い換え表現の前後に答え、または答えの鍵になるものがある場合が多くあります。また、パート7の読解問題では、「下線を引いてある単語と同じ意味の単語を選べ」という、類義語の知識を直接問うような問題も出題されますが、その際に辞書のはじめに掲載されていたり、誰もが知っている意味が実は間違いで、本文中で使われている微妙なニュアンスをくみとって答えなければならないタイプの問題も出題されるので、注意が必要です。

単語力は、ただ意味のわかる単語が多ければいいということではありません。こうした**問題にも対応できるよう、単語の使い方に応用が利かないと実際のテストでなかなか役に立たない**というのは事実です。

ただ、だからといって、単語を調べる際にすべての意味を覚えていたのでは、あまりにも数が膨大になりすぎて効率が悪くなってしまいます。問題を解きながら、あるいは英文を読みながら、出てきた単語の使われ方を覚えていくほうがずっと効率のいいやり方になります。

Vocabulary 単語は前後の表現・言い換えも一緒に

単語を前後の表現と一緒に覚えるときに、どのような要素がつくのか、実例をいくつか挙げてみます。また、言い換えの例も挙げておきます。これらはほんの一例にすぎませんので、どういう点に注意すればいいか、単語を覚える際の参考にしてください。

単語はかたまりで覚えよう

increase	増加	→	increase in ...	…の増加
available	利用可能な	→	available for ...	…に利用可能な
adhere	固執する	→	adhere to ...	…に固執する
demand	需要	→	demand for ...	…に対する需要
notice	通知、予告	→	without notice	予告なしに
qualified	資格のある	→	highly qualified	十分な資格のある
eligible	資格のある	→	be eligible to ...	…する資格がある
stock	在庫	→	out of stock	在庫のない、品切れの
survey	調査	→	conduct a survey	調査をする
valid	有効な	→	valid for ...	…の間有効な
warranty	保証	→	under warranty	保証期間中の

言い換えに注意

establish	≒	found	設立する
lawyer	≒	attorney	弁護士
plant	≒	factory	工場
put	≒	leave	置く
rich	≒	affluent	裕福な
resign	≒	leave / quit	(会社を)やめる
retain	≒	keep	保つ
stock	≒	inventory	在庫
tired	≒	exhausted	疲れた

第3章

TOEIC®テスト、いよいよ挑戦その前に

直前・当日対策、21のヒント

この章では、TOEICを受験する直前、受験当日、さらに受験後の注意点をまとめます。これまでの学習を最大限に活かせるよう、この章を読んで、最後の対策として何が必要なのかをしっかりおさえてから、テストに臨んでください。

115 マークシートの記入の仕方を練習しておく

TOEICはマークシート式テストです。ふだんからマークシートの解答欄のぬりつぶし方の練習をしておきましょう。特に、八〇〇点以上など、高得点ねらいの人には効果があるかもしれません。パート3とパート4は設問と選択肢の先読みが大変なので、問題用紙と解答用紙（マークシート）をできるだけ近づける、正答には点をつけるだけにし後でぬりつぶすなどの工夫が必要です。家で問題を解くときも、マークシートのコピーを使うなどして慣れておくといいでしょう。

筆記具としては、ぺんてる（http://www.pentel.co.jp/）のマークシート用シャープペンシル「マークシートシャープ」がおすすめです。芯が一・三ミリと太めで、解答欄をぬりつぶすのに、三回ほどの動きでぬりつぶせます。

116 受験票用の写真のサイズに注意を

以前に比べ、受験票に貼付する写真サイズのチェックが厳しくなりました。三×四センチということになっていますが、わずかにはみ出していても、下の白い部分が見えていてもいけません。大きいとその場ではがして切ってから貼り直しをさせられるようですし、小さい場合は写真の撮り直しをさせられる場合もあります。受験票用の写真については、サイズが正確かどうか、事前にきちんと確認しましょう。予備の写真を一枚持っておくと安心です。

117 【直前一週間】リスニングを集中的に

テスト直前の一週間は、リスニングで点数を上げるための訓練をしましょう。設問と選択肢の先読みの際にチェックすべきキーワードなどを意識しながら、ひたすら聞くことです。TOEICでは採点のしくみに加え、内容からしても、リスニングセクションのほうがリーディングセクションよりも得点しやすいのです。

この時期の訓練の意味は三つあります。一つは耳を鍛えること。一つは出題パターンを覚えること。もう一つは、パート3とパート4対策としての先読みのポイントをおさえる練習です。音声教材は、耳の訓練用にはスピードの速いものでもかまいませんが、先読みの練習用には新公式問題集くらいの速さのものにしましょう。また新公式問題集を使って、再度パート2のパターンを確認し直しましょう。通勤時間はこれまでと同様に、往復共リスニングにあてるといいと思います。

118 【直前一週間】スキミングやスキャニングの練習を

リーディングセクション対策としては、お手持ちの教材のパート7を使って、スキミングやスキャニング練習も混じえながら問題を解く練習をしましょう。必ず時間を計ってください。時間が取れない方は、お昼休みを一五分くらい使って、英字新聞などを少し速いスピードで読みましょう。速読の練習はパート3とパート4での設問と選択肢の先読みにも効果を発揮します。

119 【直前一週間】黄金ノートでおさらいを

パート5とパート6対策は、「問題集五〇〇」や「黄金ノート」で、間違いやすいものをすべてピックアップし、何度も練習しておきましょう。時間があれば「問題集五〇〇」の問題全部を五回くらい通しで見直します。特に、文法問題は語彙問題と違い、パターンに慣れておけば確実に点につながりますので、そこで点数をかせげるよう、文法問題を中心にしっかり復習をしておきましょう。また、出題数の多い品詞関連の問題は、全問正解できるよう、何度も繰り返して練習してください。

120 【直前三日前】体調の管理に気をつける

本番のテストは午後一時からのスタートです。テスト時に頭がフルに回転するように、体内時計を合わせましょう。特に、夜型の人は要注意です。三日前くらいから寝起きの時間調整を始めましょう。また、風邪を引かないように手洗いとうがいを徹底し、食べ物にも気をつかうなどして、体調管理を万全にしましょう。

121 ［直前三日前］黄金ノートとリスニングで最後の仕上げを

リーディングは、「問題集五〇〇」「黄金ノート」を見直します。それ以外はひたすらリスニングの練習です。三日前ですから、特に先読み練習のできる速さの教材を使って、先読みのリズムをつかむ練習をしましょう。

122 ［テスト前日］早寝を心がける

前日は二～三時間だけリスニングの練習をしたら、あとはゆっくり休みましょう。早い時間に寝ることです。緊張して前夜眠れなくなる人が多いのですが、TOEICは年に八回もあるテストです。「今回失敗してもすぐに次回がある」くらいに考え、肩の力を抜きましょう。前夜はなかなか寝つけないという方は、テスト前日の朝は少し早く起きるようにしましょう。早い時間に寝て、かつ熟睡することが重要です。それでも心配な人は、前日に体を疲れさせるための軽い運動をするといいでしょう。TOEICは集中力の持続が勝負を決めます。前夜の十分な睡眠は重要です。

123 【テスト当日】早起きして頭を働かせるための練習を

テスト当日は、朝少しだけ早く起きて、無理のない程度に頭を働かせる練習をしましょう。テストの効果を考えると、新公式問題集一回分の模試を使ってリスニングセクションを通しで聞いてみるといいでしょう。時間がない場合、パート1は省略してもいいと思います。パート3とパート4では設問と選択肢の先読みを意識して解きましょう。

124 出かける前に持ち物の最終確認をする

出かける前に、受験票・筆記具・時計がかばんに入っているか、最終確認をしましょう。身分証明書も忘れずに。ときどき、うっかり文房具を忘れ、試験官に頼んで借りる人がいますが、不要なあせりにつながりますし、慣れていない筆記具は思った以上に使いにくいものです。鉛筆（シャーペン）、特に消しゴムが入っているかどうかの確認をしましょう。

ＴＯＥＩＣの試験会場は、部屋に時計のついていないところが大半です。リーディングセクションでは時間配分が命ですから、時計は必需品です。なお、ふだんは携帯電話を時計代わりにしている人も多いと思いますが、携帯電話の電源はテスト前に切らされますので使えません。また、置時計は、床に落とすと他の人の迷惑になるという理由で片付けさせられますので、必ず腕時計にしてください。

125 冷暖房対策をする

試験会場にはあたりはずれがあり、特に冷暖房環境については劣悪なところがあります。夏には長袖の上着を一枚、冬にはひざかけとか暖かいセーターを一枚余分に準備して会場に向かいましょう。

126 移動時間もリスニングに

当日の会場に向かう電車の中では、耳を慣らすために軽くでかまいませんので、音声教材をひたすら聞きましょう。

127 会場に着いたらドリンク剤を

ＴＯＥＩＣは問題数が多く、試験時間も約二時間と長いため、集中力が必要とされます。仕事が忙しく疲れ切っている状態や睡眠不足で、集中力がまったくないときにＴＯＥＩＣを受けるのは非常に大変です。先読みの必要なパート3とパート4では、相当な集中力を要求されますし、リーディングセクションでも読む量が増えましたので、最後までベストの状態を保ったまま行き着くには、気力と体力が必要になります。集中力が勝敗を分けるといっても言い過ぎではありません。

集中力持続のために、効果があるものとして、栄養ドリンク「ユンケル」をおすすめします。受験一時間前くらいに飲みましょう。私が留学関連のテストを受けている頃にも、予備校では受験生にすすめていました。ただし、八〇〇円以上のものを買ってください。かなり効きます。ちなみに、私の教室の生徒さんの多くもユンケルを試しているようですが、「効果がありました！」と感謝されることがよくあります。

128 会場でもリスニングを

会場に早めに着いて時間が余るような場合には、会場内でも、耳を慣らすために、音声教材をひたすら聞きましょう。受験会場で聞いていると注意されることがありますので、廊下や外で聞いてください。文法問題は事前に見てもあせるだけなので、この時点では特に何もしなくていいと思います。もし何かするとすれば、会場に持ってきた「黄金ノート」にさっと目を通す、それだけでもいいと思います。

129 トイレには行っておく

TOEICは全部で二時間のテストです。事前の説明時間を入れると、二時間半は続きます。トイレは事前に行っておきましょう。女性の場合、試験官の説明が始まる前、つまり自分の席を確認してすぐと、試験官の説明後の一〇分間の休憩時間と二回行っておくと安心です。寒い会場（夏の冷房が強すぎる建物、冬の暖房が弱すぎる建物など）の場合は、特に念には念を入れましょう。トイレのことを考えると、試験直前に水分をとりすぎないことも重要です。

130 机やいすをチェックする

ときどき、ぐらぐらゆれてバランスの悪い机やいすに当たる場合があります。書くたびにゆれるとテストにさしさわりますので、机やいすの脚の下にティッシュペーパーの束をしくなどの工夫をしましょう。

131 テスト中は問題用紙に書き込みをしてはいけない

問題用紙には、メモをとったり、○×をつけたりなど、書き込みは一切してはいけません。うっかり問題用紙に書き込んで、試験中に「注意」の紙が回ってきたり、肩をたたかれたり、なかには、三回も肩をたたかれた人もいます。注意を受けるとそれだけで動揺してしまい、残りのテストに影響が出ます。注意してください。

132 テスト中は時間配分に気をつける

時間配分の大切さについては、第1章、第2章でも繰り返し強調してきました。ただ、当日は、ふだんの学習時と違って、タイマーを使ってこまかく時間を計るわけにはいきません。当日の時間の流れについては、この前後も含めて別表にまとめましたので、時間管理の参考にしてください。自分が適切な時間配分で進められているかどうかの目安として、この時間配分を頭に入れておくといいでしょう。

TOEICテスト受験当日、時間の流れ

時間	チェック事項／テストの流れ	注意
朝	早めに起床、ウォーミングアップ □リスニングセクション通し	
出発前	持ち物などの最終確認 □受験票　□身分証明書　□筆記具　□時計 □黄金ノート　□問題集500　□携帯プレーヤーetc □ドリンク剤　□寒暖対策（上着、ひざかけなど）	必ず トイレに
移動時間	リスニングセクションのチェック	
12：10頃 まで	会場入り テスト環境の最終確認 □机・いす　□冷暖房の効き テスト中に使う物の最終確認 □筆記具　□時計	
12:20	試験に関するインストラクション	
12:35	テスト直前休憩	トイレに
12:45	休憩終了 問題の配付、受験票チェック など	
13:00	テスト（リスニング）開始	
13:45	リスニング終了	
13:45	テスト（リーディング）開始 パート5開始	15分で
14:00	パート5終了→パート6開始	6分で
14:06	パート6終了→パート7「二つの文書問題」開始	20分で
14:26	パート7「二つの文書問題」終了 →パート7「一つの文書問題」開始	残り時間を あてる
14:27	パート7「一つの文書問題」終了	
15:00	テスト終了	終わったらメモ

番外編　テストを終えて

ＴＯＥＩＣの成績は、受験から約ひと月後に送られてくる公式認定証でわかります。一度で目標点を出せた人も、惜しくも届かなかった人もいるでしょう。いずれにしても、この数か月の学習で、あなたの力は確実に伸びているはずです。その力を活かすために、ＴＯＥＩＣ受験後にできること、すべきことが何なのかを紹介します。

133 次回に備えてテスト後に出題内容の確認を

ＴＯＥＩＣでは問題用紙の持ち出しも、テスト中にメモをとって持ち帰ることも認められていませんので、原則として、その日の出題内容については一切の文字情報を持ち出せないことになります。一回で目標点が出せたとはっきりした手応えがある人は別として、多くの人は、テスト終了直後はまだ自分の点数もわかりませんから、今後も続けて受けることになる可能性も高いと思います。次回の受験の参考に、出題内容について、覚えていること、気になったことがあれば、記憶の新しいうちにメモをとっておきましょう。

自分一人の記憶力では限界がありますので、受験仲間が周りにいるようであれば、テストの内容に関して情報交換をするのもいいでしょう。ウェブを使えばさらに広く情報が得られることがあります。その回の出題内容に関して、その日のうちに情報のやりとりが始まる掲示板などもあるようです。今回の経験を次回の挑戦に活かせるよう、工夫しましょう。

134 自分の弱点を把握する

ＴＯＥＩＣでは、公式認定証に「アビリティーズメジャード・項目別正答率」という項目があります。これはパート別に点数を示すなど具体的なものではなく、分野別にどんなふうに点数を取っているのかを示すもので、自分がどこで点数を落としているのか、おおよそ把握できます。自分が弱い分野、強化すべきはどこなのかを、自分で的確に把握しておくことが重要です。

ただ、弱点だけを勉強していても高得点は得られません。仮に今回、リスニングが悪かったとしても、次回高得点をあげるには、リスニングだけではなく、ある程度点数の取れたリーディングについても、点数を落とさないように、十分な時間を割いて勉強する必要があります。

135 点数アップをねらうなら続けて受験する

第1章にも書きましたが、点数アップをねらう人は、続けて受験してみてください。続けて受けることにより、問題の形式やパターンが自然に見えてくるようになりますし、テストに慣れることによって時間配分の感覚も自然に身につきます。

また、回数を重ねることで、点数が上がっていくのを数字で確認できれば、大変な励みになります。仮に点数が上がらなかったとしても、それはそれで、もっとがんばらなくては、という強い思いにつながることでしょう。ぜひ今回のＴＯＥＩＣ挑戦を一回限りのものとせずに、さらなる点数アップを目指して、がんばってください。

おわりに

私は七年近く、ＴＯＥＩＣを毎回受け続けてきました。毎回受験することで得られた多くの情報をＴＯＥＩＣ教室のために分析し、本書はそれを基に書き上げたものです。私の教室の生徒さんやセミナーの参加者には、短期間で大幅に点数をアップさせた人も多くいます。本書にはそうした「成功者」のみなさんの「生の声」も反映されています。

主にパート5とパート6のテクニックに焦点をしぼった私の文庫と違って、本書は、ＴＯＥＩＣで効率よく点数を上げるために各パートをどのように勉強すべきかをまとめた、ＴＯＥＩＣ全般に関する勉強法の本です。急いでスコアアップしなければならない、まったく勉強方法を知らないので何から手をつければいいのかわからない、という方々のお役に立てる本にできたのではないかと思っています。本書を上手に使って、短期間でのスコアアップを目指してください。陰ながら応援をさせていただきます。

本書は、二〇〇六年十二月に小学館より出版され好評を博した『TOEIC®テスト　スコアアップ131のヒント』を大幅に加筆・修正し文庫化したものです。

私の他の文庫『1日1分シリーズ』と併せてお使いいただければ幸いです。

中村澄子

二〇一〇年三月

本書は二〇〇六年十二月に小学館より刊行された
「中村澄子が教えるＴＯＥＩＣ®テスト　スコアアップ131のヒント」
を大幅に加筆修正し、文庫化したものです。

一〇〇字書評

切り取り線

購買動機（新聞、雑誌名を記入するか、あるいは○をつけてください）	
□（　　　　　　　　　　）の広告を見て	
□（　　　　　　　　　　）の書評を見て	
□ 知人のすすめで	□ タイトルに惹かれて
□ カバーがよかったから	□ 内容が面白そうだから
□ 好きな作家だから	□ 好きな分野の本だから

●最近、最も感銘を受けた作品名をお書きください

●あなたのお好きな作家名をお書きください

●その他、ご要望がありましたらお書きください

住所	〒				
氏名		職業		年齢	
新刊情報等のパソコンメール配信を 希望する・しない	Eメール	※携帯には配信できません			

あなたにお願い

この本の感想を、編集部までお寄せいただけたらありがたく存じます。今後の企画の参考にさせていただきます。Eメールでも結構です。

いただいた「一〇〇字書評」は、新聞・雑誌等に紹介させていただくことがあります。その場合はお礼として特製図書カードを差し上げます。

前ページの原稿用紙に書評をお書きの上、切り取り、左記までお送り下さい。宛先の住所は不要です。

なお、ご記入いただいたお名前、ご住所等は、書評紹介の事前了解、謝礼のお届けのためだけに利用し、そのほかの目的のために利用することはありません。

〒一〇一-八七〇一
祥伝社黄金文庫編集長　吉田浩行
☎〇三（三二六五）二〇八四
ohgon@shodensha.co.jp

祥伝社ホームページの「ブックレビュー」からも、書けるようになりました。
http://www.shodensha.co.jp/bookreview/

祥伝社黄金文庫

祥伝社黄金文庫　創刊のことば

「小さくとも輝く知性」——祥伝社黄金文庫はいつの時代にあっても、きらりと光る個性を主張していきます。

真に人間的な価値とは何か、を求めるノン・ブックシリーズの子どもとしてスタートした祥伝社文庫ノンフィクションは、創刊15年を機に、祥伝社黄金文庫として新たな出発をいたします。「豊かで深い知恵と勇気」「大いなる人生の楽しみ」を追求するのが新シリーズの目的です。小さい身なりでも堂々と前進していきます。

黄金文庫をご愛読いただき、ご意見ご希望を編集部までお寄せくださいますよう、お願いいたします。

平成12年(2000年)2月1日　　祥伝社黄金文庫　編集部

新《しん》TOEIC®テスト　スコアアップ135のヒント

平成22年3月20日　初版第1刷発行

著　者　中《なか》村《むら》澄《すみ》子《こ》

発行者　竹内和芳

発行所　祥《しょう》伝《でん》社《しゃ》
東京都千代田区神田神保町3-6-5
九段尚学ビル　〒101-8701
☎ 03（3265）2081（販売部）
☎ 03（3265）2084（編集部）
☎ 03（3265）3622（業務部）

印刷所　萩原印刷

製本所　積信堂

ISBN978-4-396-31500-9 C0182

祥伝社のホームページ・http://www.shodensha.co.jp/

祥伝社黄金文庫

中村澄子
1日1分レッスン！TOEIC Test
力をつけたい人はもう始めている！噂のメルマガが本になった！短期間で点数アップ！

中村澄子
1日1分レッスン！TOEIC Test〈パワーアップ編〉
「試験開始！」その直前まで手放せない。最小にして最強の参考書、今年も出ました！新テストに対応。

中村澄子
1日1分レッスン！TOEIC Test 英単語、これだけ
出ない単語は載せません。耳からも学べる、最小にして最強の単語集。1冊丸ごとダウンロードできます。

中村澄子
1日1分レッスン！TOEIC Test〈ステップアップ編〉
高得点者続出！目標スコア別、最小の努力で最大の効果。音声ダウンロードもできます。

中村澄子
1日1分レッスン！新TOEIC Test
最小、最強、そして最新！新テストに完全対応。受験生必携のベストセラーが生まれ変わりました。

中村澄子
1日1分レッスン！新TOEIC Test 千本ノック！
難問。良問。頻出。基本。全てあります。カリスマ講師が最新の出題傾向から厳選した172問。

祥伝社黄金文庫